はじめての大人向けLIVEフォニックス！

PHONICS TRAINING BOOK

フォニックス
〈発音〉トレーニングBOOK

CD BOOK

ジュミック今井 [著]
Jumique Imai

はじめに

　当本はフォニックスの学習を通し、効率よく発音練習を行うことができる画期的なエクササイズブックです。私は現在まで10年以上に渡り、講師として英会話を教えておりますが、発音がよくなることで、英会話が見違えるほど上手になった生徒さんをたくさん見てきました。彼らは発音に自信がついたことで英語に対する積極性も身に付けることができた―と口をそろえて話してくれます。実はなにをかくそう、この「積極性」こそが英会話の習得に必要なファクターなのです― 英語の発音はかなめ。基本の基本をぞんざいにしてしまっては、自分の知識を最大限に活かすことなど出来ません。今ひとつ発音に自信ないという方は、ぜひこの機会にもう一度基本に立ち戻り、フォニックスによる発音の練習＆訓練を行いましょう。とりわけ、カタカナ発音からいつまで経っても脱却できずにいる方には必読の一冊です。なお、CDには**メトロノームの音**に合わせて単語やチャンツが吹き込まれているので、ナレーターのきれいな発音といっしょに、楽しくリズミカルに音読を行いましょう。

＜フォニックスってなに？＞

　フォニックスは英語を母国語とする子供たちが学ぶ**つづり字**と**発音**の関係を示したルールです。アルファベットには一定の読み書きルールあり、このルール学習のおかげでネイティブの子供達はすんなりと『音声⇒文字』、つまり耳から入ってきた音を文字へ変換することができるのです。さて、では私たち日本人がフォニックスを学ぶメリットとは一体なんでしょうか？

　ずばり、**発音矯正**です。

＜フォニックス学習のポイントは３つ＞

　思い起こせば、学生時代の英単語の学習法と言えば、読み仮名をカタカナでちょこちょこと書き込んでは、黙々と暗記するだけでした。フォニックスのルールを知っていれば ― 例えば「A」には少なくとも「ア」と「エィ」の読み方があると知っていれば、それをどう読むのか推測ができるにもかかわらず、いちいち単語を暗記しなくてはならないとは、なんとも効率が悪いとは思いませんか。この本ではそのような暗記の理不尽さを払拭し、つづりと音のつながりが効率よく学べるよう、大人が十分に楽しめるチャンツなど **①楽しさ ②効率のよさ ③活用性** の３点をしっかりと盛り込みました。

＜みなさんの発音はもっと良くなる！＞

　フォニックスはネイティブの子供たちの読み書き学習とお話しましたが、実は私は大人を対象とした英会話のレッスンにも積極的にフォニックスを取り入れています。アルファベットには決まった読み方のルールがあり、ひとつひとつの文字（または組み合わせ文字）の発音方法を紐解いていくことで、だれもがきれいな音を習得することができます。また、例外のルールがあるとはいえ、フォニックスを使えば、知らない単語に出くわしたとき、ある程度憶測をしながら読めるようになります。これは、例えばTOEICのリーディングセクションなどで非常に有効な学習手段であることは言うまでもありません。加えて、ノンネイティブの私たちが大人の視線でフォニックスを学ぶことは、今まで学んできた発音の裏づけになりますし、新しい単語を覚える際の大きな手助けとなります。逆の視点から言うと、一定のフォニックスルールを学ぶことで、英語の不規則性を知ることができるのです。

＜会話フレーズも一緒に学ぼう＞

　なお、本章では日常生活に密着した馴染みのあるやさしい単語やフレーズを集めましたので、発音学習と併せてぜひご活用ください。また、楽しくお勉強に取り組んでいただけるよう、むずかしい表現の使用は極力省きました。

　最後に当本の執筆にあたり、たくさんの方々にお世話になりました。この本を出版する機会を与えてくださった明日香出版社の皆様に深くお礼を申し上げます。また多大なるアドバイスを惜しみなく与えてくれた Dr. Tracey Kimmeskamp, メトロノーム片手の授業に笑顔で応えてくれたSat.クラスの生徒のみなさん— Akemi Nakamura, Ako Kudo, Asuka Takanashi, Fusae Sumihara, Miyako Nagai, Noriko Toyoda, Yuko Miura, Atsuko Sakurayama, Chika Miyano, Makiko Yamamoto, Natsuo Shimizu　（敬称略），そして忙しい合間を縫いモニター会にご参加下さった方々に心から感謝の気持ちを表したいと思います。

　さあ、初めての方も、少しだけかじったことのある方も、これから楽しくフォニックス学習を行いましょう。1日1ルールでも構いません。コツコツ続けることが大切です。きれいな発音で堂々と英会話を楽しんでいるみなさんの"勇士"を心に描きつつ前書きのペンをおきます。
Enjoy learning "Phonics" and you'll have a lot of fun!

ジュミック　今井
2005年2月

Contents

はじめに ─── 002
本書の使い方 ─── 006

Chapter 1 *Consonants*
1字つづり字の子音

Chapter 2 *Short Vowels*
1字つづりの母音（短母音）

Chapter 3 *Consonant Digraphs*
子音ダイアグラフ

Chapter 4 *Consonant Blends*
子音ブレンド

Chapter 5 *Vowel Pairs 1*
母音ペア 1

Chapter 6 *Vowel Pairs 2*
母音ペア 2

Chapter 7 *R-controlled Vowels*
Rの付いた母音

Chapter 8 *Silent-E*
サイレントE

付録 おさらいコーナー ─── 228

b, p, c, k, g, t, d, m, n, f, v, s, z, l, r, x, h, j, w, qu, y, Hard/Soft C&G	011	Chapter 1
a, e, i, o, u	087	Chapter 2
ch, sh, th 1, th 2, gh, ph, wh, ck, ng	107	Chapter 3
S-Blends (st, sk, sp, sc, squ, sw, sm, sn) L-Blends (cl, fl, pl, sl, bl, gl) R-Blends (tr, cr, fr, pr, br, dr, gr) 3-Letter Blends (spl, spr, thr, str, scr)	131	Chapter 4
ai, ay, ie, ue, ui, ea, ee, oa, ow	167	Chapter 5
oi, oy, ou, ow, ew, ei, oo(1), oo(2), au, aw	179	Chapter 6
ar, or, ore, er, ir, ur, air, are, ear	197	Chapter 7
a_e, i_e, o_e, u_e, e_e　　サイレントE復習クイズ	211	Chapter 8
発音記号対比表 —— 237　　フォニックスカード —— 239	227	付録

カバー・本文デザイン：三角　年美　　本文イラスト：末吉　喜美

本書の使い方

チャプターによって若干スタイルが異なりますが、
これが基本のパターンとなります。

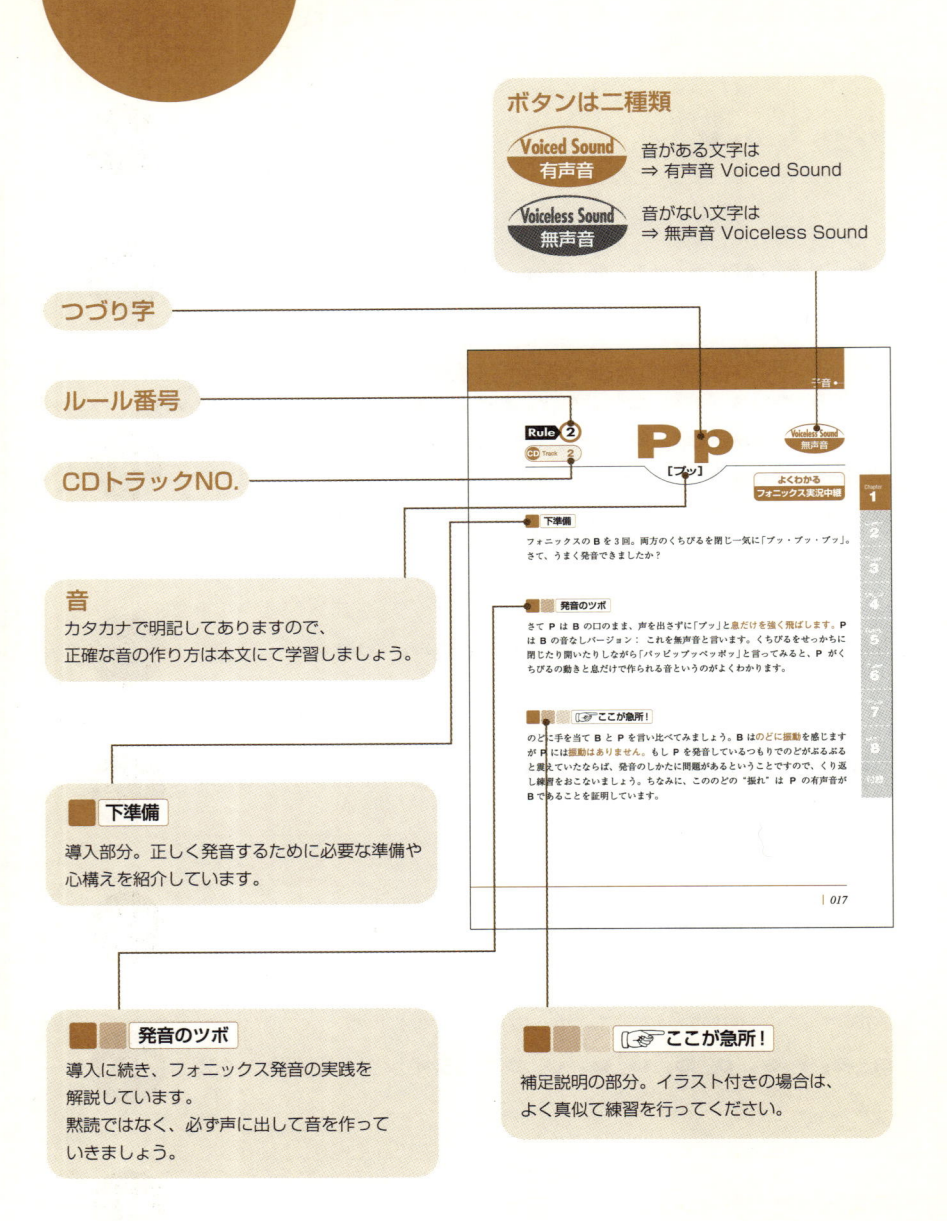

ボタンは二種類

Voiced Sound 有声音
音がある文字は
⇒ 有声音 Voiced Sound

Voiceless Sound 無声音
音がない文字は
⇒ 無声音 Voiceless Sound

つづり字

ルール番号

CDトラックNO.

Rule 2
CD Track 2

P p
[プッ]

Voiceless Sound 無声音

よくわかる
フォニックス実況中継

下準備

フォニックスの B を3回。両方のくちびるを閉じ一気に「ブッ・ブッ・ブッ」。
さて、うまく発音できましたか？

発音のツボ

さて P は B の口のまま、声を出さずに「ブッ」と息だけを強く飛ばします。P
は B の音なしバージョン：これを無声音と言います。くちびるをせっかちに
閉じたり開いたりしながら「パッピップッペッポッ」と言ってみると、P がく
ちびるの動きと息だけで作られる音というのがよくわかります。

☞ ここが急所！

のどに手を当て B と P を言い比べてみましょう。B はのどに振動を感じます
が P には振動はありません。もし P を発音しているつもりでのどがぶるぶる
と震えていたならば、発音のしかたに問題があるということですので、くり返
し練習をおこないましょう。ちなみに、このどの"振れ"は P の有声音が
B であることを証明しています。

| 017

音
カタカナで明記してありますので、
正確な音の作り方は本文にて学習しましょう。

下準備
導入部分。正しく発音するために必要な準備や
心構えを紹介しています。

発音のツボ
導入に続き、フォニックス発音の実践を
解説しています。
黙読ではなく、必ず声に出して音を作って
いきましょう。

☞ ここが急所！
補足説明の部分。イラスト付きの場合は、
よく真似て練習を行ってください。

フォニックサイズ 発音練習

メトロノームのリズムに合わせて発音練習を行います。
ネイティブの先生の発音を聞きながら声を合わせて
楽しく音読を行いましょう。

● 基礎の音をCDと一緒にエクササイズ
ナレーターといっしょに練習。

● CDの後についてリピーティング
ナレーターのあとについて練習。

Spice it up!

分野別の単語をピックアップしました。
つづりと音の仕組みを復習します。

Tongue Twister 早口ことば

早口言葉でフォニックスの仕上げ。
韻を踏んだチャンツがたくさんあります。
ワクワク楽しく音読しましょう。

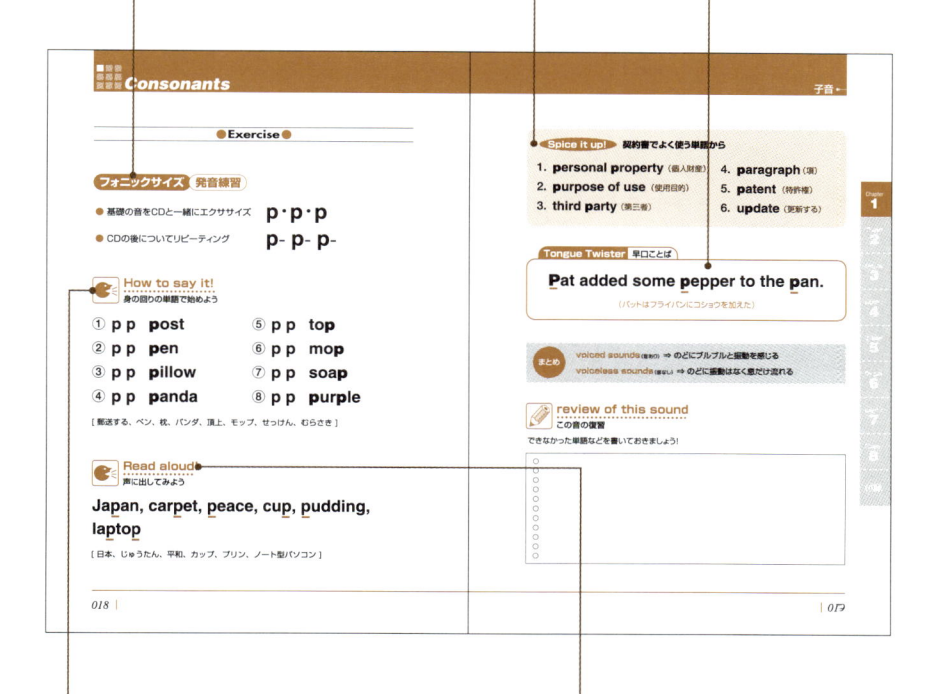

Consonants 子音

● Exercise ●

フォニックサイズ 発音練習

● 基礎の音をCDと一緒にエクササイズ　　p・p・p
● CDの後についてリピーティング　　p- p- p-

How to say it!
身の回りの単語で始めよう

① p p　post
② p p　pen
③ p p　pillow
④ p p　panda
⑤ p p　top
⑥ p p　mop
⑦ p p　soap
⑧ p p　purple

［郵送する、ペン、枕、パンダ、頂上、モップ、せっけん、むらさき］

Read aloud
声に出してみよう

Japan, carpet, peace, cup, pudding, laptop

［日本、じゅうたん、平和、カップ、プリン、ノート型パソコン］

Spice it up! 契約書でよく使う単語から

1. **personal property**（個人財産）
2. **purpose of use**（使用目的）
3. **third party**（第三者）
4. **paragraph**（項）
5. **patent**（特許権）
6. **update**（更新する）

Tongue Twister 早口ことば

Pat added some **p**epper to the **p**an.

（パットはフライパンにコショウを加えた）

まとめ　voiced sounds（有声音）⇒ のどにブルブルと振動を感じる
　　　　voiceless sounds（無声音）⇒ のどに振動はなく息だけ流れる

review of this sound
この音の復習

できなかった単語などを書いておきましょう！

How to say it!
身の回りの単語で始めよう

簡単な単語を使い、引き続きメトロノームによる
練習を行います。単語の意味は考えず、
ネイティブの先生と同じ音を出すことに
集中してください。

Read aloud!
声に出してみよう

ルールのつづりを使った単語の発音練習。

フォニックス学習をはじめる前に

アルファベットのつづりには2通りの読みがあります。

アルファベット読み

フォニックス読み

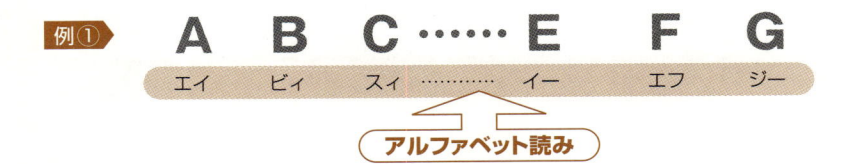

例① A B C …… E F G
エイ ビィ スィ イー エフ ジー
⇧ **アルファベット読み**

私たち日本人が学生時代に習った、いわゆる「ふつう」の読み方ですね。アルファベットを見たままに読めばよいので「アルファベット読み」と言います。では次に本のタイトルにもあるフォニックス読みをみていきましょう。

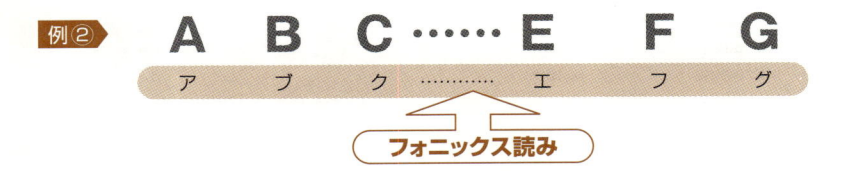

例② A B C …… E F G
ア ブ ク エ フ グ
⇧ **フォニックス読み**

学校の授業にはあまり出てこない読み方ですので、「アブク・・・」をはじめて目にする方も多いのではないでしょうか。このように、アルファベットのもうひとつの読み方を「フォニックス読み」と言い、つづりによっては2つ以上の音を持つものもあります。

アルファベット読みとフォニックス読みは、言うならば「コインの表と裏」。一枚のコインの両面に2つの読み方が書かれ、単語に応じてそのコインがくるくると「表」と「裏」に変わっていきます。ネイティブの子供たちはフォニックスのさまざまな**つづりと音のつながり**を学ぶ課程で、一通りの読み方を習得していくのです。本書ではその中の86のフォニックスルールをご紹介しています。

音から文字へ

ネイティブスピーカーの子供は、まず目と耳で単語を覚えます。

目と耳で覚える

⬇

フォニックス学習
（目と耳で覚えた言葉を文字に置き換える）

この過程にフォニックス学習が導入。

当本は、「フォニックス導入部分」の学習にスポットをあて、発音練習を行います。

⬇

B + **A** + **G**
ブ ＋ ア ＋ グ

※ なお、フォニックスのつづりが単語の先頭、中央、または語尾に来る場合、前後にある文字の影響を受け、音が若干違って聞こえることがありますが、音を作る口の工程は基本的に一緒です。

※ 発音記号とフォニックスは基本的に連動していますので、フォニックスに少し慣れてきたら、ふたつを並列して覚えるのもひとつの方法でしょう。（当本に出てきたルールの発音記号は巻末にあります）

※ **フォニックサイズってなに？**
　フォニックサイズは実際の授業でに生まれた言葉です。これは「フォニックス」と「エクササイズ」を足した造語で、リズムにあわせてフォニックス発音を行うというものです。

★ 発 音 記 号 ⇒ 発音の裏を取るにはベストの材料
★ フォニックス ⇒ 単語の"読み力"を鍛えるにはベストの材料

音は変化する

フォニックスのつづり字は単語のあたま、真ん中、またはおしまいにきます。BEDを例に取ると、Bは「ブ」ですが、隣のE「エ」（Rule23）の影響を受けるため、実際の音は「ベ」となります。真ん中のつづりも同様です。なお、CABのようにおしまいにつづりが来る場合、隣に結合する音がありません。その場合、CABのBは音を呑み込んだかのようなやや弱めの「ブッ」になります。しかしながら、これとは逆にCATのTのように、つづりが語尾に来ることで音が強く響く文字もあります。つづり（子音・母音）の組み合わせは例外も含め単語の数だけ際限なくあるため、その全てを理屈で暗記することは困難ですが ① フォニックスで音の作り方を学び ② 単語ひとつひとつをリズミカルに反復することで、単語ベースで音のつながりを体得できるようになります。そのためにはくり返し音読練習をこなすことが何より大切です。頑張って下さい！

Chapter 1

::: *Consonants*

|子音|

**b p c k g t d
m n f v s z
l r x h j w qu y
Hard/Soft C & G**

Consonants

1字つづり字の子音

　英語の音には母音（**Vowels**）と子音（**Consonants**）があります。それぞれの音には個別の役割と特性があり、そのうちの母音は**子音と子音をつなぐ橋渡し役**であると考えることができます。たとえば map（地図）を例にとってお話をしたいと思います。早速次のチャートを見てみましょう。この単語の母音は a そして子音は m と p です。

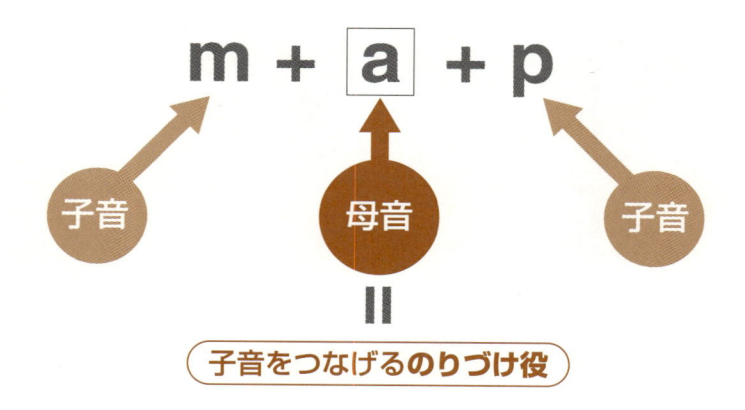

m + a + p

子音　母音　子音

＝

子音をつなげる**のりづけ役**

　チャートが示すとおり、a が両となりのアルファベットをくっつける**のりづけ役**であるいっぽう、mとpは**単語の骨格（骨組み）作り**としてその役割を担っています。この図式をそのまま人体に当てはめるなら、**子音は骨であり母音はその骨と骨を支える筋肉**です。限られたアルファベットの数のなかで、骨と筋肉がさまざまな骨格を形成しながら、アルファベットから単語、単語から文、文からパラグラフといった具合にその範囲を広げていきます。**Chapter 1** で習うフォニックスの 1 字つづりの発音は、単語の骨格作りをつかさどる大切なものばかりです。21ルールにおよぶ発音トレーニングを通し、よりネイティブに近い**発音力**を習得して下さい。さて、本文へ入る前に一つお話をしておきたい

子音

ことがあります – 筋力の大切さは今さらここで説くまでもありませんが、健康を維持するのための基礎トレーニング（たとえば、腕立て伏せや腹筋運動。または食事節制など）をおろそかにしてしまっては、どんなに高価なエクササイズマシンを購入したとしても、その器具をじゅうぶんに使いこなすことはできません。実はこれと同じことが英語の学習にも言えます。発音練習という基礎トレーニングなしに英会話に挑戦するなどという行為は、素振りの練習もろくにせずにいきなりテニスのトーナメントへ出場するようなもの。日々の練習をフォニックス学習に置き換えてみると、小さな訓練の積み重ねがいかに大切であるかがお分かりいただけるはずです。基礎固めこそが学習の要であることを念頭におき、晴れの大舞台へデビューする自分の勇士（！）をしっかりと心に描き訓練にいそしみましょう。

　さて、まず第１章では１文字つづりの子音の発音練習をおこないます。詳しくは各項目にて説明をしますが、子音は母音と違い**歯を下唇に当てる摩擦音**、**鼻から声を出す鼻音**など、日本語にはない音がたくさんあります。実際、これらの音は口内のどの部分（器官）を使うかを把握していない限り、正確に音を作ることができないため、私たち日本人にとって大変やっかいな音と言えます。また、知らない単語が聞き取れないのと同じく、使ったことのない口の筋肉を意識的に使わなければ、その筋肉がどこにあり、またどのように活用されるのかを知る由もありません。海外生活が長い人であれば、本人も気づかぬうちに自然ときれいな発音を体得することができるでしょうが、生活の大半を日本語で過ごしている私たちは、それぞれの音がどの器官から、どのように作られるのかを集中的に学ぶ必要があります。逆にいえば、発音の訓練をらせん階段式に積むことで、基礎の音を正しく発音できるようになることをフォニックス学習は裏付けています。とりわけ英会話の学習は声に出して初めてその価値が生まれます。そしてよりよい発音を習得するには一にも二にも練習あるのみ。気負いせず楽しくフォニックスの発音練習に取り組みましょう。

Consonants

Rule 1
CD Track 1

B b
[ブッ]

Voiced Sound
有声音

よくわかる
フォニックス実況中継

■ 下準備

おなかの底から大きな声で「ぶー」と発声してください。

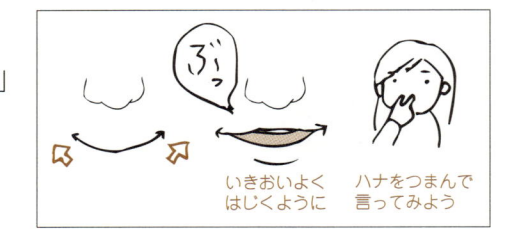

いきおいよく
はじくように

ハナをつまんで
言ってみよう

■■ 発音のツボ

では、今度は声を出す前に両くちびるをきっちりと閉じ、「ブッ」と短く言ってみます。どうですか？ ふうせんが破裂したような強い音が出ましたね。これがフォニックスの **B** です。

■■■ ここが急所！

Book をふくれっつらの表情で（くちびるの丸めて）"ぶぅ〜っく"と発音している方、これではネイティブスピーカーにはうまく通じません。なぜなら余分な母音"ゥ"が残ってしまっているからです。なお **B** は"破裂音"と呼ばれ、くちびるを閉じ、口のなかに息をため込んだ状態で一気に音を飛ばすのがコツです。ふうせんがわれる時のインパクトがこの音にはあるのです。

子音

● Exercise ●

フォニックサイズ **発音練習**

● 基礎の音をCDと一緒にエクササイズ　b・b・b

● CDの後についてリピーティング　b- b- b-

How to say it!
身の回りの単語で始めよう

① b b **b**ed
② b b **b**ig
③ b b **b**oy
④ b b **b**ook
⑤ b b cra**b**
⑥ b b her**b**
⑦ b b a**b**sent
⑧ b b bathtu**b**

[ベッド、大きい、少年、本、カニ、ハーブ、欠席の、浴槽]

Read aloud!
声に出してみよう

cup**b**oard, **b**eans, **b**est, **B**o**b**, **b**asement, **b**alloon

[食器棚、豆、最もよい、ボブ（男性の名前）、地階、ふうせん]

Consonants

Spice it up!
英字新聞で
よく使われる単語から

1. **b**iotechnology （バイオテクノロジー）
2. **h**ar**b**or （かくまう）
3. pu**b**licity （広告、評判）
4. **b**an （禁止する）
5. li**b**erty （自由）
6. **b**ackground （背景）

Tongue Twister 早口ことば

Becky **b**akes a **b**anana cake for **B**ill.

（ベッキーはビルのためにバナナケーキを焼く）

review of this sound
この音の復習

できなかった単語などを書いておきましょう！

-
-
-
-
-
-
-
-
-
-
-

子音

Rule 2

CD Track 2

Pp
[プッ]

Voiceless Sound 無声音

よくわかる フォニックス実況中継

■ 下準備

フォニックスの B を3回。両方のくちびるを閉じ一気に「ブッ・ブッ・ブッ」。さて、うまく発音できましたか？

■■ 発音のツボ

さて P は B の口のまま、声を出さずに「プッ」と**息だけを強く飛ばします**。P は B の音なしバージョン： これを無声音と言います。くちびるをせっかちに閉じたり開いたりしながら「パッピップッペッポッ」と言ってみると、P がくちびるの動きと息だけで作られる音というのがよくわかります。

■■■ ☞ ここが急所！

のどに手を当て B と P を言い比べてみましょう。B は**のどに振動**を感じますが P には**振動はありません**。もし P を発音しているつもりでのどがぶるぶると震えていたならば、発音の仕方に問題があるということですので、くり返し練習をおこないましょう。ちなみに、こののどの"振れ"は P の有声音が B であることを証明しています。

017

Consonants

● Exercise ●

フォニックサイズ **発音練習**

● 基礎の音をCDと一緒にエクササイズ　　**p・p・p**

● CDの後についてリピーティング　　**p- p- p-**

How to say it!
身の回りの単語で始めよう

① p p **post**　　⑤ p p **top**
② p p **pen**　　⑥ p p **mop**
③ p p **pillow**　　⑦ p p **soap**
④ p p **panda**　　⑧ p p **purple**

[郵送する、ペン、枕、パンダ、頂上、モップ、せっけん、むらさき]

Read aloud!
声に出してみよう

Japan, carpet, peace, cup, pudding, laptop

[日本、じゅうたん、平和、カップ、プリン、ノート型パソコン]

子音

Spice it up! 契約書でよく使う単語から

1. **p**ersonal **p**roperty（個人財産）
2. **p**urpose of use（使用目的）
3. third **p**arty（第三者）
4. **p**aragraph（項）
5. **p**atent（特許権）
6. u**p**date（更新する）

Tongue Twister 早口ことば

Pat added some **p**epper to the **p**an.

（パットはフライパンにコショウを加えた）

まとめ

voiced sounds（音あり）⇒ のどにブルブルと振動を感じる
voiceless sounds（音なし）⇒ のどに振動はなく息だけ流れる

review of this sound
この音の復習

できなかった単語などを書いておきましょう!

○
○
○
○
○
○
○
○
○
○

Consonants

Rule 3　Cc Kk　Voiceless Sound 無声音
CD Track 3
[クッ]

よくわかる
フォニックス実況中継

■ 下準備

風邪をひいてしまったとします。あごを上げ、うがいをするつもりで、のどをガラガラ鳴らしてみましょう。

■ 発音のツボ

ガラガラガラと鳴ったのど奥に舌の付け根があります。CKはこの部分を使います。まず、付け根を**上あごにピッタリとつけ、息の流れを完全にシャットアウト**。息をしばらく止め、がまんできないほど苦しくなったら、**付け根を一気に離し**「クッ」と発音。これがCK共通の"息だけ音"です。

■ ☞ ここが急所！

その昔、インベーダーゲームがありましたね。（ふ、古い…）子供のころ「クゥ・クゥ・クゥ」と弾が飛び出す音まねをして遊びませんでしたか？　実はCKはこの発射音とおなじ音。わたしは授業でこの子音の作り方を説明するときに**"インベーダーゲーム"**の発射音—にたとえていますが、生徒さんにもなかなか好評ですよ。

子音

● Exercise ●

フォニックサイズ **発音練習**

● 基礎の音をCDと一緒にエクササイズ
c・c・c
k・k・k

● CDの後についてリピーティング
c- c- c-
k- k- k-

How to say it!
身の回りの単語で始めよう

① c c　cat
② c c　candy
③ k k　king
④ k k　kitchen
⑤ c c　Eric
⑥ c c　picture
⑦ k k　pink
⑧ k k　Greek

[ネコ、キャンディー、王、台所、エリック（男性の名前）、絵、ピンク、ギリシャ]

Read aloud!
声に出してみよう

careful, cocoa, picnic, key, ketchup, speak

[注意深い、ココア、ピクニック、かぎ、ケチャップ、話す]

Consonants

Spice it up!
経済用語から

1. **c**onsumption (消費)
2. **c**onsumer pri**c**e (物価)
3. **c**ashless (キャッシュレス)
4. business **c**limate (景気)
5. mar**k**et (市場)
6. s**k**yrocket (急騰する)

Tongue Twister 早口ことば

<u>C</u>an I use <u>K</u>elly's <u>c</u>alculator?

(ケリーの計算機を使ってもいいかしら？)

review of this sound
この音の復習

できなかった単語などを書いておきましょう！

子音

Rule 4
CD Track 4

G g
[グッ]

Voiced Sound
有声音

よくわかる
フォニックス実況中継

■ 下準備

CKのフォニックスを続けて3回言ってください。息だけで作られるインベーダーゲームの発射音「クッ・クッ・クッ」でしたね。

■■ 発音のツボ

さて CK は息が弾丸のごとく、のど奥から発射されるするどい音と習いましたが、G も同じ場所（舌の付け根）を使い、「グッ」と低くそして深く声を出します。ここでもやはり音を出す前の息の"溜め"がポイントです。

■■■ ☞ここが急所！

「グッ」というとき腹筋にかなりの力がかかります。おなかに手を当てて、筋肉が動くことを確認してください。日本語「ぐぅ」は、口もとで形成されるやわらかい音のため、それほどの力が腹筋には感じられません。私たちが使っている日本語が決して軟弱というわけではありませんが、英語はそれだけより多くの力と呼吸量が必要なのです。

Consonants

● Exercise ●

フォニックサイズ **発音練習**

● 基礎の音をCDと一緒にエクササイズ　　g・g・g

● CDの後についてリピーティング　　g- g- g-

How to say it!
身の回りの単語で始めよう

① g g get
② g g gold
③ g g great
④ g g golf
⑤ g g tag
⑥ g g rug
⑦ g g hug
⑧ g g leg

[得る、金色、すごい、ゴルフ、付け札、敷き物、抱きしめる、脚]

Read aloud!
声に出してみよう

give, guest, bag, Greg, gum, glass

[与える、客、バッグ、グレッグ（男性の名前）、ゴム、ガラス]

子音

Spice it up! 国際社会の単語から

1. **globalization**（国際化）
2. **non-governmental**（非政府の）
3. **segregation**（差別）
4. **national flag**（国旗）
5. **official language**（公用語）

Tongue Twister 早口ことば

The **g**irl with curly hair is **g**iggling.

（カーリーヘアーの女の子がくすくす笑っている）

review of this sound
この音の復習

できなかった単語などを書いておきましょう！

-
-
-
-
-
-
-

マメ知識 効果的なエクササイズ法

レッツフォニックサイズ!の練習に入る前に「フォニックス実況中継」の説明を読み、口の形を学んでおきましょう。また、意味のわからない単語も事前にチェックしておいてください。なお、フォニックサイズの音読練習を行っている間は、単語の意味などは深く考えずにCDから流れる先生の発音に意識を集中しましょう。

Consonants

Rule 5
CD Track 5

T t
[トゥ]

Voiceless Sound
無声音

よくわかる
フォニックス実況中継

■ 下準備

きれいな **T** を作るための前作業として次のことをしましょう。上前歯の裏側（日本語を話すときにはあまり意識することのない部分）に舌先をちょこんとあて、5秒間息を止めます。

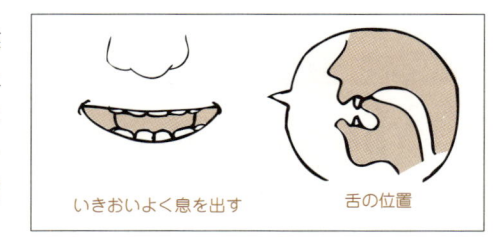

いきおいよく息を出す　　舌の位置

■■ 発音のツボ

次に息苦しいなと感じたら、いっきに舌先をはなし息だけを飛ばします。このとき「トゥ」に似た音が発せられますが、無声音なので実際に声はありません。フォニックスの **T** は音ではなく（×）、息の流れだけ（○）で作られる子音です。おおげさなくらい息を吐き出すと、**舌打ちに似たこすれる音**がうまれます。

■■■ ☞ ここが急所！

私の持論のひとつに、**T** を制すればいかなる子音をも制することができる―があります。日本語を話す時にはそれ程注意を払うことのない音声器官（唇、口蓋、咽頭、舌根など…）を意識的に使う訓練は思いのほか忍耐と努力を要しますが、慣れない器官を特定的に鍛錬することで、自分の口が少しずつ**英語用にフォーマット化**されていくことが徐々に実感できるようになります。そうなればしめたもの！

子音

● Exercise ●

フォニックサイズ **発音練習**

● 基礎の音をCDと一緒にエクササイズ　　**t・t・t**

● CDの後についてリピーティング　　**t- t- t-**

How to say it!
身の回りの単語で始めよう

① t t　**toy**　　　　⑤ t t　**stone**
② t t　**textbook**　⑥ t t　**list**
③ t t　**telephone**　⑦ t t　**hit**
④ t t　**tomato**　　⑧ t t　**boat**

[おもちゃ、教科書、電話、トマト、石、リスト、打つ、ボート]

Read aloud!
声に出してみよう

tiger, carpenter, tomorrow, tale, mat, sit

[トラ、大工、明日、物語、マット、座る]

Consonants

Spice it up!
旅行で使う単語から 1

1. **travel visa** （観光ビザ）
2. **direct flight** （直行便）
3. **duty-free** （免税の）
4. **tourist** （観光客）
5. **first class** （ファーストクラス）
6. **international airport** （国際空港）

マメ知識
子音が重なっても1音になる

add（加える）やbutt（タバコの吸殻）のように、子音が重なる単語がありますが、1つづりとして発音します。（例）bell（ベル）、small（小さい）、boss（上司）、shopping（買い物）など。

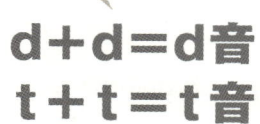

d＋d＝d音
t＋t＝t音

Tongue Twister 早口ことば

The <u>t</u>iny <u>t</u>in clock goes <u>t</u>ick-<u>t</u>ock <u>t</u>ick-<u>t</u>ock.

（小さなブリキの時計がカチカチ鳴っている）

review of this sound
この音の復習

できなかった単語などを書いておきましょう！

○
○
○
○
○
○
○
○
○
○

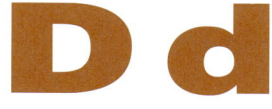

子音

Rule 6
CD Track 6

D d
[ドゥ]

Voiced Sound 有声音

よくわかる フォニックス実況中継

■ 下準備

Tと同じく上前歯の裏に舌先をちょこんとあて、5秒間息を止めてください。

■■ 発音のツボ

息苦しくなったら舌先を離し、**のど奥から低く**「ドゥ」と声を出します。この低くて重い音が**D**です。こう考えてください－**T**と**D**は双生児。男児が**T**なら女児は**D**。使う音声器官は同じでありながら、**T**は"息"だけがもれ、**D**は"音"を出す。

■■■ ☞ここが急所！

舌先を上前歯の裏にあてる下準備は、**T**と **D** を正確に発音する上でたいへん重要な作業です。日本語の「だじづでど」は、あごが上下に揺れますが、舌だけで発音を操作しなくてはならない **D** は、あごがあまり動きません。（厳密に言うと、動いてはいけません。ここを固定することでのど奥から低い声を出すことが可能になるのです。） 最初のうちは**手のひらであごをしっかりと固定し**、あごが振れないよう「ダッ・ジッ・ヅッ・デッ・ドォ」と練習をしましょう。

Consonants

● Exercise ●

フォニックサイズ **発音練習**

● 基礎の音をCDと一緒にエクササイズ　　d・d・d

● CDの後についてリピーティング　　d- d- d-

> ひとつの単語は様々なルールから出来ています。効率よく覚えられるよう、同じ単語が例文にくり返し出てくることがありますので、しっかりと音読練習を行ってください。

How to say it!
身の回りの単語で始めよう

① d d　day　　　　⑤ d d　red
② d d　dog　　　　⑥ d d　kid
③ d d　doll　　　　⑦ d d　world
④ d d　desk　　　　⑧ d d　ready

[日、犬、人形、机、赤い、子供、世界、準備ができている]

Read aloud!
声に出してみよう

dollar, wide, Denmark, dandelion, behind, dance

[ドル、広い、デンマーク、たんぽぽ、後ろに、踊る]

子音

Spice it up!
教育の単語から

1. aca**d**emic ability （学力）
2. **d**octrine （博士号）
3. **d**egree （学位）
4. gui**d**eline （ガイドライン）
5. correspon**d**ence program （通信教育）

Tongue Twister 早口ことば

Daddy **d**oes the **d**ishes after **d**innertime.

（パパは夕食後にお皿を洗う）

review of this sound
この音の復習

できなかった単語などを書いておきましょう！

○
○
○
○
○
○
○
○
○
○

Consonants

Rule 7
CD Track 7

M m
[ン(ム)]

Voiced Sound
有声音

よくわかる フォニックス実況中継

■ 下準備

心を静め、低い声で「むーむーむー」とゆっくり言ってみてください。

■■ 発音のツボ

次に唇をかたく閉じ、口からの息の流れをシャットアウトした状態で「ンーンーンー」と言ってみます。さて、声はどこから出ていますか？ 鼻腔—そう、鼻からですね。このように**鼻から音が作られる音を鼻音**と言います。

■■■ ☞ ここが急所！

下準備の例にあるとおり、日本語の「ムー」とフォニックス M の最大の違いは、前者は口から声、後者は鼻から声が出る点にあります。M の練習法は「ンーム・ンーム・ンーム」と 3 回づつ言うこと。"ン"のとき、貝のようにしっかりと口を閉じ合わせるのがポイントです。

子音

●Exercise●

フォニックサイズ 発音練習

● 基礎の音をCDと一緒にエクササイズ　m・m・m

● CDの後についてリピーティング　m- m- m-

How to say it!
身の回りの単語で始めよう

① m m **m**ake
② m m **m**eat
③ m m **m**other
④ m m **m**outh
⑤ m m co**m**et
⑥ m m **j**am
⑦ m m roo**m**
⑧ m m drea**m**

[作る、肉、母、口、彗星、ジャム、部屋、夢]

Read aloud!
声に出してみよう

monkey, **m**oney, le**m**on, s**m**oke, **m**ask, ho**m**eland

[サル、お金、レモン、けむり、仮面、祖国]

Consonants

Spice it up!
スポーツの単語から

1. **match** (試合)
2. **martial art** (格闘技)
3. **injury time** (ロスタイム)
4. **gold medal** (金メダル)
5. **opening ceremony** (開会式)
6. **defending champion** (防衛チャンピオン)
   ※「ン」だけの m 音。

Tongue Twister 早口ことば

"Don't **m**ake a **m**ess", **M**other **m**urmured.

("散らかさないで!" とママはぶつぶつ言った)

マメ知識

Mは唇を閉じたまま声を出すのでフォニックスの音は「ン」ですが、単語のあたまや真ん中にMがある時は、隣の音とくっつき「(ン)マ・(ン)ミ・(ン)ム・(ン)メ・(ン)モ」となります。ただしこの(ン)は「ン」と音読をするという意味ではなく、鼻から声を出すための印ーサインと考えましょう。なお、隣り合うつづりの組み合わせによっては「ン」とだけ聞こえる時もあります。

子音

Rule 8
CD Track 8

N n
[ン(ヌ)]

Voiced Sound 有声音

よくわかる フォニックス実況中継

■ 下準備

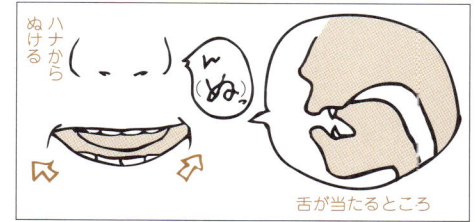

ウォームアップとして、フォニックスの M「ン(ム)」を 3 回言ってみましょう。

ハナからぬける （＾＿＾）「ぬ」

舌が当たるところ

■■ 発音のツボ

N も M と同じく鼻音のため、鼻から音を抜かなくてはならないのですが、M との違いは、**N は舌を上前歯の裏にあて**（すると口が少し開きます）、「ンー」と言いましょう。

■■■ ☞ここが急所！

M は口をぴったりと閉じるのに対し、N は唇を少し開いた状態で発音します。なお鼻音の練習にもってこいなのが**ハミング**。好きな曲の頭からおわりまでとは言いませんが、出だしのワンフレーズを毎日口ずさみましょう。意外なほど効果がありますよ。ぜひ、お風呂場で試してください。（音が反響するので発音練習にもってこいの場所です）

Consonants

●**Exercise**●

フォニックサイズ **発音練習**

● 基礎の音をCDと一緒にエクササイズ　　**n・n・n**

● CDの後についてリピーティング　　**n- n- n-**

How to say it!
身の回りの単語で始めよう

① n n **n**et
② n n **n**ews
③ n n **n**ine
④ n n **n**ose
⑤ n n tur**n**
⑥ n n te**n**
⑦ n n clea**n**
⑧ n n frie**n**d

[ネット、ニュース、9、鼻、回す、10、きれいな、友人]

Read aloud!
声に出してみよう

nice, tor**n**ado, **n**ephew, inter**n**et, ki**n**, de**n**se

[よい、竜巻、甥、インターネット、親族、密集した]

子音

> **Spice it up!**
> 金融の英語から
>
> 1. e-**money**（電子マネー）
> 2. fi**n**a**n**cial market（金融市場）
> 3. i**n**terest rate（金利）
> 4. loa**n** shark（ヤミ金融業者）
> 5. stock fu**n**d（在庫資金）

Tongue Twister 早口ことば

Nancy reads **n**ice fancy **n**ovels at **n**ight.

（ナンシーはすてきな小説を夜に読む）

review of this sound
この音の復習

できなかった単語などを書いておきましょう!

- ○
- ○
- ○
- ○
- ○
- ○

マメ知識

MとNは鼻音なので、どちらも基本の音は「ン」ですが、Nは上の前歯のうしろに舌先をあて、唇を少し開き声を出します。単語のあたまや真ん中では「（ン）ナ・（ン）ニ・（ン）ヌ・（ン）ネ・（ン）ノ」という音になりますが、隣り合うつづりの組み合わせによっては「ン」とだけ聞こえる時もあります。

Consonants

Rule 9
CD Track 9

F f
[フ]

Voiceless Sound
無声音

よくわかる
フォニックス実況中継

下準備

夏の風物詩「ふうりん」をゆっくりと3回言ってください。

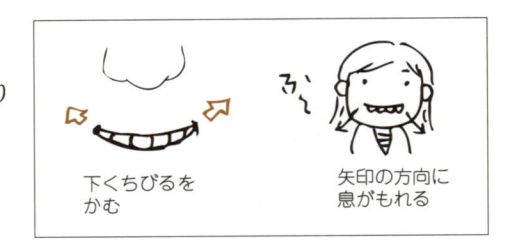

下くちびるをかむ

矢印の方向に息がもれる

発音のツボ

「ふうりん」の「ふ」のとき唇が丸くとがっていましたが、フォニックスの **F** のアプローチはこれとは異なります。上前歯を下唇に軽くあて(**軽く噛んだ状態**)、口角(口のはし)を思いっきり上げ「フー」と息を漏らします。くり返しますが、もらすのは**音ではなく息だけ**です。

ここが急所！

Fifth Avenue (五番街)の出だしの部分、くちびるを丸めてしまってはどんなに気取って発音をしても **New Yorker** には通じません。**F** は下唇を噛んだとき、口はしのすきまからもれる息の流れが重要なポイント。実際の授業では、唇を噛む作業を **"悔しいときの仕草"** に、また口角をあげる動作を、**"スマイルちゃんの笑顔"** に喩えています。

子音

● Exercise ●

フォニックサイズ **発音練習**

● 基礎の音をCDと一緒にエクササイズ   f・f・f

● CDの後についてリピーティング   f- f- f-

How to say it!
身の回りの単語で始めよう

① f f　　fire　　　　⑤ f f　　gift
② f f　　farm　　　⑥ f f　　beef
③ f f　　fork　　　⑦ f f　　half
④ f f　　fan　　　　⑧ f f　　scarf

[火、農場、フォーク、扇風機、贈り物、牛肉、半分、スカーフ]

Read aloud!
声に出してみよう

folk, forest, firefighter, fantastic, firefly, female

[人々、森林、消防隊員、すばらしい、ホタル、女性]

Consonants

Spice it up!
食生活に関する単語から

1. **diet food** （ダイエット食品）
2. **organic farm products** （有機農産物）
3. **chemical-free** （無農薬の）
4. **artificial flavorings** （人口調味料）
5. **fruitarian** （果食主義者） * 類語: vegetarian (菜食主義者)
6. **low-fat** （低脂肪の）

Tongue Twister 早口ことば

Freddy swims fast like a fish.

（フレディは魚のように泳ぎが速い）

review of this sound
この音の復習

できなかった単語などを書いておきましょう！

040

子音

人生経験も豊富、口はしがクッと上がっているAさん

英会話クラスやセミナー会場などで目上の方とお会いする機会が多いのですが、人生経験が豊富で人気者のAさんは、いつもニコニコ、口はしがいつもクッと上がっています。実際、F音の発音がたいへん上手です。みなさんもスマイル口を心がけてみましょう。Aさんのように発音がぐんときれいになりますよ！

グループで行うフォニックスの聞き取り合戦（4、5名がベストです）

FとVの場合

1. A4サイズの紙に大きく ①F ②V と書きます
2. 発音する人は、口元をその紙で隠し（口元と紙の間隔は30cmぐらい）、FまたはVのどちらかを発音します。
3. 聞き手は、その音がFだと思ったら1（one）、Vであれば2(Two)と答えます。
4. 全員から正解がもらえれば、自分の音は正しかったことになります。誰からも正解がもらえなかった場合は、音の作り方にまだ問題があると考えられます。また、これとは逆に、答える側が正しく聞き取れていない可能性もあるので、全員の答えが一致するまで順番にクイズを行っていきます。
5. 組み合わせには"双子のフォニックス"の他、Fと息のTH（息の漏れる具合が微妙に違う）や、A・O・U（短母音の音比べ）などを使うとよいでしょう。自分達で組み合わせを考えるのもひとつの手ですね。

Consonants

Rule 10
CD Track 10

V v
[ヴ]

Voiced Sound
有声音

よくわかる
フォニックス実況中継

■ 下準備

手始めに F のおさらいから。下唇を噛みながら「F・F・F」（息だけでしたね）とゆっくり3回。

■■ 発音のツボ

F と V はいとこの関係です。F は息の流れで作る音と習いましたが、V も F と同様に唇を軽く噛みます。さて違いはここからです。おなかに力をいれ**下唇を震わせながら**「ヴー・ヴー」。音を出したとき、下唇に十分の振動が感じられなければなりません。**携帯のバイブ音**とよく似ているので音まねをしてみましょう。

■■■ ☞ ここが急所！

日本語には F や V のような摩擦音はありませんので、何度も訓練を積まない限り、ネイティブのそれと同じ音を作りだすことはできません。また**作れない音は聞き取れない音とも言えるため**（自分の英語の最も身近なリスナーは自分自身なのです）、リスニング向上のためにも努力を惜しまず果敢にチャレンジしてください。ちなみに海外のニュースキャスターの口角ですが、いつも上がっていませんか。これによって彼らは美しいまさつ音をいつでも自然に出せるのです。

子音

●Exercise●

フォニックサイズ **発音練習**

● 基礎の音をCDと一緒にエクササイズ　　**V・V・V**

● CDの後についてリピーティング　　**V- V- V-**

How to say it!
身の回りの単語で始めよう

① v v　**v**an　　　　⑤ v v　se**v**en
② v v　**v**est　　　 ⑥ v v　abo**v**e
③ v v　**v**ictory　 ⑦ v v　Ke**v**in
④ v v　**v**ery　　　⑧ v v　fi**v**e

[バン（車）、ベスト（服）、勝利、とても、7、上に、ケヴィン（男性の名前）、5]

Read aloud!
声に出してみよう

volcano, i**v**y, **v**iolet, hea**v**en, e**v**idence, **v**i**v**id

[火山、ツタ、すみれ色、天国、証拠、生き生きした]

043

Consonants

Spice it up!
旅行で使う単語から 2

1. **v**acant （部屋の空きがある）
2. **v**acationer （行楽客）
3. camper**v**an （キャンプ用のバン）
4. car na**v**igation system （カーナビ）
5. go on a dri**v**e （ドライブする）
6. **v**accinate （予防接種をする）

Tongue Twister 早口ことば

Victor plays the **v**iolin on **V**alentine's Day.

（ヴィクターはバレンタインデイにバイオリンを弾く）

review of this sound
この音の復習

できなかった単語などを書いておきましょう！

○
○
○
○
○
○
○
○
○
○

子音

Rule 11
CD Track 11

Ss
[ス]

Voiceless Sound 無声音

よくわかる
フォニックス実況中継

■ 下準備

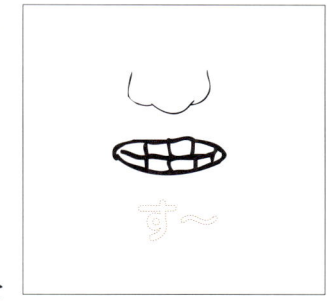

ガスもれの「スースースー」を、ゆっくりと息を伸ばしながら真似てみましょう。

■■ 発音のツボ

実はこの**ガスもれ音**こそがフォニックスの S。声ではなく**息の流れだけ**で作られる音です。
上前歯の裏の近く舌先を置き、スーと息だけをもらします。そうすると「スー」と息が舌のまわりを這っていくのがわかるはず。

■■■ ☞ここが急所！

先に腹式呼吸のお話をしましたが、肺活量も重要なポイントのひとつ。S は息をもらしながら作る子音であるとお話しましたが、2、3秒間音を伸ばすだけならば簡単なこと。ところが「ス〜〜〜」と10秒間、音を伸ばし続けるとなると話は別です。人によっては文字通り"息が上がってしまう"かもしれません。ものは試しに "Sally stews the soup for the supper." を息継ぎをせずに 3 回続けて言ってみましょう。苦しいなと感じた人は、何度も練習をして下さい。

Consonants

● Exercise ●

フォニックサイズ 発音練習

● 基礎の音をCDと一緒にエクササイズ　　**S・S・S**

● CDの後についてリピーティング　　**S- S- S-**

How to say it!
身の回りの単語で始めよう

① s s　**say**
② s s　**song**
③ s s　**seal**
④ s s　**sock**
⑤ s s　**east**
⑥ s s　**disk**
⑦ s s　**festival**
⑧ s s　**course**

[言う、歌、アザラシ、くつした、東、ディスク、祭り、学科]

Read aloud!
声に出してみよう

second, frisky, summer, sunset, risk, gas

[二番目、快活な、夏、日没、危険、ガス]

子音

Spice it up!
ビジネス用語から

1. **s**ign （署名して契約する）
2. bu**s**iness **s**eminar （ビジネスセミナー）
3. pro**s**pect （見通し）
4. per**s**onal application （直接応募）
5. cour**s**e of action （方針）
6. **S**ales Headquarters （営業本部）

> **マメ知識**
>
> -sにはふたつの音がある
>
> 単語の終わりまたは中間にある-sには「ス」またはzの音「ズ」があります。
> s音: tenni**s**, bu**s**, ga**s**, bia**s**など
> z音: alway**s**, ha**s**, hi**s**, vi**s**itなど

Tongue Twister 早口ことば

Sally **s**tews the **s**oup for the **s**upper.

（サリーは夕食のスープをコトコト煮込む）

review of this sound
この音の復習

できなかった単語などを書いておきましょう！

○
○
○
○
○
○
○
○
○
○
○

Consonants

Rule 12
CD Track 12

Z z
[ズッ]

Voiced Sound
有声音

よくわかる
フォニックス実況中継

■ 下準備

ガスもれ音の S を「スースースー」と3回言ってみましょう。もう簡単に作れますね。

■■ 発音のツボ

さて S は息だけで作られる子音でしたが、Z はこれを有声音（音がある状態）にします。S のポジション（上前歯の裏の近くに舌先を置く—でしたね）から舌全体に力を込め、強く短く「ズッ」と発音。ブルブルと震える摩擦と振動を舌全体に感じられればOKです。

■■■ ☞ここが急所！

英語が上手いなあと思う人たちに共通して言える特徴は、みなさん一様に声がいいこと。最近テレビで活躍中のバイリンガルタレントを想像していただければ、なるほどと納得のはず。肺活量がものをいう S と同様に、Z も同様にたくさんの"息の量"が必要です。その理由は「ズーズーズー」と音を伸ばすとわかりますが、振動する摩擦力に逆らって音を出し続けなくてはならないからです。"良い声をしてますね"—とだれかに言われるようになったら、それは正しい英語の音へ一歩も二歩も近づいたという立派な証。大いに喜びましょう。

子音

● Exercise ●

フォニックサイズ **発音練習**

● 基礎の音をCDと一緒にエクササイズ　　**Z・Z・Z**

● CDの後についてリピーティング　　**Z- Z- Z-**

How to say it!
身の回りの単語で始めよう

① z z　zoo
② z z　zero
③ z z　zipper
④ z z　zone
⑤ z z　lazy
⑥ z z　size
⑦ z z　prize
⑧ z z　quiz

[動物園、0、チャック、地帯、怠けて、サイズ、ほうび、小テスト]

Read aloud!
声に出してみよう

zip code, breeze, zigzag, magazine, zest, lizard

[郵便番号、そよ風、ジグザグに進む、雑誌、熱意、とかげ]

049

Consonants

Spice it up!
スラング・俗語から

こんな意味もあったのか!という単語をそろえました。もちろんZの発音もしっかりと練習しましょう。

1. **zero** （役立たず）
2. **zip your lip** （口にチャックをする、秘密を言わない）
3. **zoom** （急上昇）
4. **zoomancy** （動物占い）
5. **coz** （いとこ）　※ 口語表現です。
6. **(be) crazy about** （～に夢中である）

Tongue Twister 早口ことば

Zoom up for the zebras in the zoo!

（動物園のシマウマを写すから望遠にして!）

review of this sound
この音の復習

できなかった単語などを書いておきましょう!

○
○
○
○
○
○
○
○
○
○

050

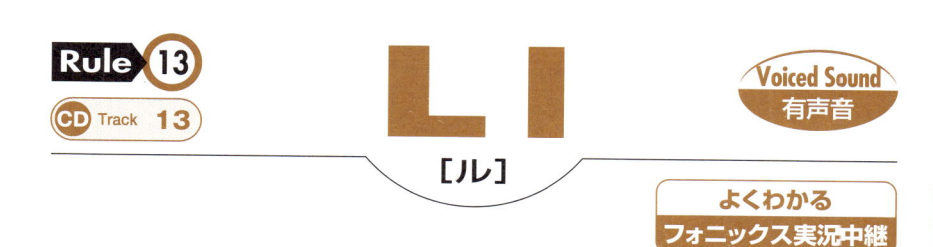

子音

Rule 13
CD Track 13

L l
[ル]

Voiced Sound
有声音

よくわかる
フォニックス実況中継

■ 下準備

宝石「ルビー」の「ル」は口をすぼめた「るぅ」。試しにゆっくり言ってみましょう。「る」のあとに小さく「ぅ」が残っているのに気づきませんか？

高めの音になる

■■ 発音のツボ

まず口をリラックスさせましょう。次に、上前歯の裏に舌先を軽くあて、**舌先を離しながら短く**「ルッ」と言います。そうするとスタッカートで小気味よい「ルッ」音ができます。なお舌の位置が日本語の「ラ・リ・ル・レ・ロ」を言うときとは異なるため、フォニックスの L のほうが**ややオクターブ**高めに聞こえる点もお忘れなく。

■■■ ☞ここが急所！

読者さんのなかには L と R のアレルギー症候群の方がいるかもしれません。それほどこの2つの音はことあるごとく比較され、学生時代より発音の特訓を強いられてきました。しかしながら、このふたつは実は異なる器官を使って作られるまったく別の音なのです。（R は次に出てきます）とりわけ R が難しいと感じてしまう理由のひとつは、その作り方もさることながら、とかく L と比較してしまうというメンタルブロックが要因にあげられます。"この2つの音は別ものである"というポジディブなイメージをあたまに叩き込むことで、いとも簡単にアレルギーを取り除くことは可能です。

Consonants

● Exercise ●

フォニックサイズ **発音練習**

● 基礎の音をCDと一緒にエクササイズ　l・l・l

● CDの後についてリピーティング　l- l- l-

How to say it!
身の回りの単語で始めよう

① l l　lion
② l l　letter
③ l l　left
④ l l　London
⑤ l l　fly
⑥ l l　glass
⑦ l l　close
⑧ l l　go<u>l</u>den

[ライオン、手紙、左、ロンドン、飛ぶ、グラス、閉じる、金色の]

> となりあう子音（lとd）は
> いっきに発音します。

Read aloud!
声に出してみよう

<u>l</u>amb, p<u>l</u>ate, <u>l</u>ight, te<u>l</u>ephone, <u>l</u>ength, <u>l</u>emon

[子羊、皿、光、電話、長さ、全長（longの名詞形）、レモン]

子音

> **Spice it up!**
> 映画に
> 関する単語から
>
> 1. **c**e**l**ebrity（有名人）
> 2. **b**lockbuster（超大作）
> 3. **c**inema comp**l**ex（シネコン＊複合型映画施設）
> 4. **c**lassic movie（古典映画）
> 5. trai**l**er（予告編）
> 6. **l**ow-budget movie（低予算の作品）

Tongue Twister 早口ことば

Look at the **l**ovely girl with the **l**ollypop!

（キャンディーをなめているかわいらしい少女をみてごらん！）

マメ知識

語尾に-allがくる場合は「ォーウ」に近い音になります。（例）ball「ボォーウ」（球）、tall「トォーウ」（高い）、call「コォーウ」（電話する）など。またalも同様の音です。（例）also「オーウソウ」（～も）、talk「トォーウク」（いつも）、walk「ウォーウク」（歩く）など。なお、同じつづりが続く場合1字扱いとなるため ll は ⇒ l と考えてよいのです。

Consonants

双子のフォニックスはまとめて覚えよう！

つづりのなかには同じ口の形で作る有声音（声の音）と無声音（息の音）がありますので、一緒に覚えておくと便利ですよ。

息		声
C	—	G
F	—	V
P	—	B
S	—	Z
T	—	D
TH	—	TH

など。

Rule 14 [ゥル]

R r

Voiced Sound 有声音
次が母音のとき

よくわかる
フォニックス実況中継

■ 下準備

「うーうーうー」と3回大きな声で言ってみましょう。さて口のかたちはどうなっていますか？ 丸いおちょぼ口になっていますね。

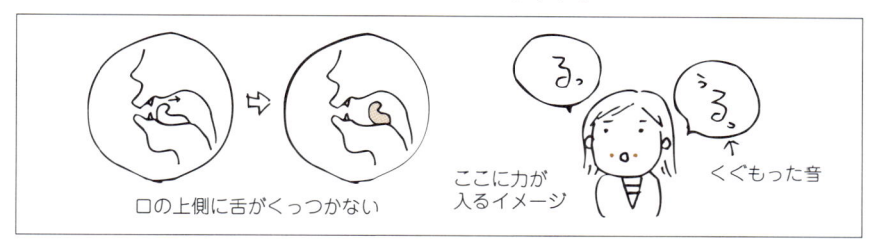

口の上側に舌がくっつかない　ここに力が入るイメージ　くぐもった音

■■ 発音のツボ

今度はおちょぼ口のまま、**舌を丸めて**「ゥルッ」とゆっくり言ってください。どうですか？ 丸まった舌全体に力が込められ小さな「ゥ」が「ルッ」の前に残りましたね。この「ゥルッ」こそが R です。

■■■ ☞ここが急所！

授業で R の発音をうながすとき、**かならず「う」の口から始めるよう指導して**います。舌を丸める作業を"巻き舌"というのですが、丸めた舌が口内のどこにも触れてはいけないというルールがあるため、舌が余裕をもって動けるだけのじゅうぶんなスペースが必要です。"「ル」なのに「う」から始めるなんてできない"と、はなから疑心暗鬼にかかる人もいますが、だまされたと思って試してください。（もちろん、決してダマしではありません！）

「う」のルールをのみ込んだ私の生徒さんたちはみな、驚くほどきれいな発音をします。よいですか、R は「ル」ではなく「ゥル」ですよ。

Consonants

● Exercise ●

フォニックサイズ **発音練習**

● 基礎の音をCDと一緒にエクササイズ　　r・r・r

● CDの後についてリピーティング　　r- r- r-

How to say it!
身の回りの単語で始めよう

① r r　**run**　　　⑤ r r　**fry**
② r r　**radio**　　⑥ r r　**gray**
③ r r　**rice**　　　⑦ r r　**hero**
④ r r　**rocket**　⑧ r r　**prince**

[走る、ラジオ、お米、ロケット、揚げる、灰色、ヒーロー、王子]

Read aloud!
声に出してみよう

ruby, cry, range, credit, brand, rest

[ルビー、泣く、範囲、評判、銘柄、休む]

子音

Spice it up!
メディアの単語から

1. **inte**r**active television**（双方向テレビ）
2. **relay station**（中継局）
3. **reality TV**（リアリティTV）※一般の人を参加させ、彼らの行動を収録する番組。
4. **special program**（特別番組）
5. **viewer rating**（視聴率）
6. **broadcast**（報道する）

Tongue Twister 早口ことば

Ron's robot rolls and runs in the rain.

（ロンのロボットは雨の中をグルグル走り回る）

review of this sound
この音の復習

できなかった単語などを書いておきましょう!

○
○
○
○
○
○
○
○
○
○
○

057

Consonants

Rule 15
CD Track 15

X x
[クス]

Voiceless Sound 無声音
母音のまえのとき

よくわかる フォニックス実況中継

■ 下準備

女の子の笑い声「くすくすくす」を真似してみましょう。早口にならないようゆっくりと。

■■ 発音のツボ

では次に「くすくす」笑いを息の流れだけで作ってみます。舌を低く固定し、息だけで「クスッ」と言ってみましょう。なお「ス」でおわるとき、息を伸ばし気味にたくさん放出するのがポイント。「 X 」を息の吹き矢に見立て、その矢をできるだけ遠くへ飛ばすイメージで。

■■ ☞ ここが急所！

ゆっくり発音するとわかりますが、X は K＋S 音です。つまり子音2音がくっついてできた1音なのです。X の発音に自信がないな…と思う方はまず K と S を別々に発音し、ある程度慣れてきたら K＋S を練習してみましょう。なお X が上手に作れるようになると、語気がよりネイティブの発音に近いものとなります。そういった意味でするどい響きを持つ X はとても英語らしい子音のひとつと言えましょう。

$$K+S=X$$

●Exercise●

フォニックサイズ 発音練習

● 基礎の音をCDと一緒にエクササイズ　　**X・X・X**

● CDの後についてリピーティング　　**X- X- X-**

How to say it!
身の回りの単語で始めよう

① x x　fix
② x x　mix
③ x x　text
④ x x　Texas
⑤ x x　ne**xt**　　（k+s+tの音になります。）
⑥ x x　ox
⑦ x x　six
⑧ x x　relax

[固定する、混ぜる、テキスト、テキサス、次の、雄牛、6、くつろぐ]

Read aloud!
声に出してみよう

O**x**ford, fle**x**ible, ma**x**imum, comple**x**, tele**x**, ni**x**

[オックスフォード、融通のきく、最大、複合の、テレックス、皆無]

Consonants

Spice it up!
スラング・俗語 2

1. **X** （手紙の終わりにつけるキスマーク）
   ※ただし発音は「エックス」
2. **X out** （だます *本来は、〜をXで消すの意。）
   ※ただし発音は「エックス」
3. **XYZ** （男性へ対して、ジッパーに注意）
   = Examine your zipper.　※ただし発音は「エックス」
4. **fix** （八百長、やらせ）
5. **(be) jinxed** （ついてない）
6. **ax** （解雇する、クビにする）

> 語尾にxがくるとき、またはxのとなりが子音字のとき、たいてい「K+S音」になります。（例）box、fix、next、extraなど。また、ex-のあとにアクセントのある母音がきた場合、xはg+z「グズ」になることもあります。（例）exáct（正確な）、exám（試験）、exámple（例）など。

Tongue Twister　早口ことば

Mr. Fo_x_ is talking in the phone bo_x_.

（フォックス氏が公衆電話で話をしている）

review of this sound
この音の復習

できなかった単語などを書いておきましょう！

- ○
- ○
- ○
- ○
- ○
- ○
- ○
- ○
- ○
- ○

子音

Rule 16
CD Track 16

H h
[ハ]

Voiceless Sound 無声音
次が母音のとき

よくわかる
フォニックス実況中継

■ 下準備

ニンニク入り餃子を食べたあと、口臭が気になり「は〜」と息を確認することがありますよね。H はそのジェスチャーから始まります。

手にたくさんあたるくらいの息が必要

ハラから出す

■■ 発音のツボ

では練習です。手のひらを口の手前におき、口を縦に大きく開き（リラックスした状態で）、ゆっくりと3回「ハーハーハー」と胸の奥から息を吐き出します。どうです？大量の生暖かい息を**手のひらに感じましたか**。この息がフォニックスの H。普段これといって意識もしない**息の流れを最大限に活かす**のが正しい H の音を作るポイントです。

■■■ ☞ここが急所！

日本語の「ハヒフヘホ」は有声音と呼ばれ、いずれものどに振動を与えますが、フォニックスの H は息しか流れませんので、**基本的に音はありません。よって、H は次のアルファベットとくっつくことで音が作られます。**（hat であれば、a とくっついて「ハ」）透明人間ともいえるべき H が子音としてその存在を知らしめるには、どのフォニックスよりもたくさんの息を放出することが必要です。

Consonants

● Exercise ●

フォニックサイズ **発音練習**

● 基礎の音をCDと一緒にエクササイズ　　**h・h・h**

● CDの後についてリピーティング　　**h- h- h-**

How to say it!
身の回りの単語で始めよう

かなりたくさんの息を吐き出しましたね。

① h h **h**at
② h h **h**and
③ h h **h**ello
④ h h **h**oney
⑤ h h **h**ead
⑥ h h **h**air
⑦ h h be**h**ind
⑧ h h per**h**aps

[帽子、手、こんにちは、ハチミツ、頭、髪、後ろに、多分]

Read aloud!
声に出してみよう

husband, a**h**a, **h**op, child**h**ood, **h**ay, **h**ammer

[夫、なるほど、ぴょんぴょん跳ぶ、幼児期、干草、ハンマー]

子音

Spice it up!
コンピューター用語から

1. computer **h**acker（ハッカー）
2. **h**idden file（隠しファイル）
3. security **h**ole（セキュリティホール）
4. **h**ard drive（ハードディスクドライブ）
5. **h**ome server（ホームサーバー）
6. **h**ost computer（ホストコンピューター）

Tongue Twister 早口ことば

Wave **h**ello to **H**enry in the **h**uge **h**elicopter.

（大きなヘリコプターに乗っているヘンリーに手を振ろう）

review of this sound
この音の復習

できなかった単語などを書いておきましょう！

063

Consonants

Rule 17
CD Track 17

J j
[ジュ]

Voiced Sound
有声音
次が母音のとき

よくわかる
フォニックス実況中継

■ 下準備

口を丸め気味にし、舌先を前歯の裏側の近くにちょこんとあてましょう。

■■ 発音のツボ

次に**強く**そして**低く**「ジュ」と発音します。舌にかなりの圧力を感じましたね。これがフォニックスの J です。なお、日本語よろしくとばかりに「ジューゥ」と余分な母音を伸ばさないよう気をつけましょう。切れの良さがこの音のポイント。

■■■ ここが急所！

英語の学習はスポーツの基礎練習に大変よく似ています。フォニックスによる発音学習が近い将来、英語で"ホームランを打つ"ための**素振り練習**だと思い訓練を行ってください。球は必ず芯に当たるようになります！ **Keep it up!**

> dgeのつづりも同じ音。
> ただし、語頭にはきません。

●Exercise●

フォニックサイズ 発音練習

● 基礎の音をCDと一緒にエクササイズ　　**j・j・j**

● CDの後についてリピーティング　　**j− j− j−**

How to say it!
身の回りの単語で始めよう

① j j **jet**
② j j **jump**
③ j j **Japan**
④ j j **join**
⑤ j j **jam**
⑥ j j **juice**
⑦ j j **major**
⑧ j j **enjoy**

[ジェット機、ジャンプする、日本、参加する、ジャム、ジュース、専攻、楽しむ]

Read aloud!
声に出してみよう

joy, project, subject, jasmine, ajar, just

[喜び、プロジェクト、科目、ジャスミン、半開きの、ちょうど]

Consonants

Spice it up!
法律に関する単語から

1. **jury** （陪審員）
2. **juvenile crime** （少年犯罪）
3. **judge** （裁判官）
4. **justice** （正義）
5. **court injunction** （裁判所命令）
6. **perjury** （偽証）

Tongue Twister 早口ことば

Jack jumped for joy to get the jet toy.
（ジャックはおもちゃのジェット飛行機をもらい大喜びした）

review of this sound
この音の復習

できなかった単語などを書いておきましょう!

- ○
- ○
- ○
- ○
- ○
- ○
- ○
- ○
- ○
- ○
- ○

子音

口のまわりの筋肉をやわらかくしよう

英語らしい発音をマスターするために、次の方法でふだん使わない口のまわりの筋肉をやわらかくしておきましょう。

❶ 口はしを強く横に引く ― 5回
❷ 口角を上げる ― 5回（スマイルちゃんの口）
❸ 口を少し開け、舌をどこにも付けず内側に丸める ― 5回
❹ 口を縦に大きく開ける（あごを低く下げる） ― 5回

マメ知識　両手でリズムをとる

ヒッチハイクのジェスチャー（両こぶしを握り親指を立てる）をし、両方の親指をメトロノームの針に見立てます。DOGでしたら、"タン♪（右こぶしを右に振る）タン♪（左こぶしを左に振る）DOG♪"といった具合に、一定のリズムを刻んで音読を行いましょう。リズミカルに楽しく単語を覚えることが出来ますよ。

Consonants

Rule 18
CD Track 18

W w
[ウッ]

Voiced Sound
有声音
次が母音のとき

**よくわかる
フォニックス実況中継**

■ 下準備

好きな曲で構いません。口笛を吹くまねをしてみましょう。

口笛を吹くときの口の形ではじめる

■■ 発音のツボ

では次に丸くなったくちびるを**もとに戻しながら**、「ウッ」と「ワッ」の中間ぐらいの音で「ウ+ワッ」。かなりおおげさに尖らせないとこの音は出せません。**ちなみにWを横にしてみると、くちびるが突き出ているように見えませんか。**ためしに手のひらを口の前にかざして、woman と言ってみましょう。wo のとき、手のひらに息があたればOK。何も感じられなければ×。一度にたくさんの息を放出してください。

■■■ ここが急所！

口を丸めるフォームは R の音を作るときと一緒だということに気づきましたか。どちらも丸め具合が弱いと正しい音が出せません。なお、よりクリアにイメージできるよう、生徒さんには W を **"ひょっとこの口"** で発音するように─と説明しています。

子音

● Exercise ●

フォニックサイズ 発音練習

● 基礎の音をCDと一緒にエクササイズ　　**W・W・W**

● CDの後についてリピーティング　　**W- W- W-**

How to say it!
身の回りの単語で始めよう

① w w　**well**
② w w　**wild**
③ w w　**west**
④ w w　**watch**
⑤ w w　**wire**
⑥ w w　**window**
⑦ w w　**wagon**
⑧ w w　**anyway**

[じょうずに、野生の、西、観る、ワイヤー、窓、ワゴン車、とにかく]

Read aloud!
声に出してみよう

wolf, wear, wing, hallway, wisdom, wealth

[狼、着る、羽、廊下、知恵、裕福]

Consonants

Spice it up!
軍事に関する単語から

1. **cyber war** （サイバー戦争）
2. **warfare aircraft** （軍用機）
3. **weapon** （武器）
4. **war damage** （戦禍）
5. **warning shot** （威嚇射撃）
6. **warmonger** （主戦論者）

Tongue Twister 早口ことば

I **w**ax my **w**agon on the **w**eekend.

（私は週末に車にワックスをかける）

review of this sound
この音の復習

できなかった単語などを書いておきましょう！

- ○
- ○
- ○
- ○
- ○
- ○
- ○
- ○
- ○
- ○
- ○

子音

Rule 19　Qu qu ［クゥ］
CD Track 19　Voiced Sound 有声音

よくわかる
フォニックス実況中継

■ 下準備

くちびるを丸めて「食う」と3回づつ言ってみましょう。

■■ 発音のツボ

今度は「う」の時に、くちびるをひょっとこのように突き出しながら、同じく「食う」と短く発音します。そのとき「ゥ」にアクセントを置き、「ク」を弱く言います。うまくできましたか？この音が qu のフォニックス音です。

■■■ ☞ ここが急所！

q はほとんどの場合、u がついた qu のつづりとなります。なお、qu はふたつのつづりを足した音であると考えることができます。ひとつは c（または k）、そしてもうひとつは w の音です。w はくちびるを丸めて発音するという特徴がありますので、qu もその性質をそのまま引き継いだ音になります。

K＋W＝qu

Consonants

● Exercise ●

フォニックサイズ **発音練習**

● 基礎の音をCDと一緒にエクササイズ

qu・qu・qu

● CDの後についてリピーティング

qu- qu- qu-

How to say it!
身の回りの単語で始めよう

① qu qu **qu**iz
② qu qu **qu**it
③ qu qu **qu**een
④ qu qu **qu**ick
⑤ qu qu **qu**ality
⑥ qu qu **qu**arter
⑦ qu qu **qu**estion
⑧ qu qu **squ**are

[小テスト、辞める、女王、速い、質、4分の1、問題、正方形]

子音

Read aloud!
声に出してみよう

quest, qualification, quality, quilt, equip

[探求、資格、質、キルト、装備する]

review of this sound
この音の復習

できなかった単語などを書いておきましょう！

マメ知識　恥ずかしがらずに声を出そう

人前で英語を話すのが恥ずかしいからか…下を向いてぼそぼそと小声で発音の練習をする方がいます。音の違いは積極的に大きな声を出さない限り、きちんと習得をすることはできません。皆さんの発音はもっともっとよくなります。明るく楽しくスマイルを忘れずに！

Consonants

Spice it up!
イギリス英語の表現から

1. **quango** (特殊法人)
2. **queue** (列に並ぶ) = stand in a line　※発音注意
3. **questionmaster** (クイズ司会者) or quiz-master
4. **queer** (体調が悪い) sick, ill
5. **(a) quick one** (一杯お酒をひっかけること)
6. **quid** (1ポンド) 1 pound

（注）queueは「キュー」と発音しますが、とてもイギリスらしい表現なのでリストにいれておきました。

Tongue Twister 早口ことば

Quite a lot of people watched the queen's wedding on TV.

（かなりの人々が王妃のウェディングをテレビで観た）

子音

Rule 20
CD Track 20

Y y
[ィヤ]

Voiced Sound
有声音
次が母音のとき

よくわかる
フォニックス実況中継

■ 下準備

日本語の嫌 ⇒ 「イヤ」をゆっくりと3回続けて言ってみましょう。

■■ 発音のツボ

フォニックスの **Y** はこの「イヤ」にたいへんよく似ているのですが、あたまの「イ」は弱く、うしろの「ヤ」にアクセントをおき「ィヤ」と発音すると、上手に音が作れます。なお、**Y** はカタカナ表記で表わすと「ィヤ」の2文字になってしまうのですが、かならず**一音として発音**してください。

■■■ ここが急所！

アルファベット読みとフォニックス読みがかけ離れているため、紛らわしいと感じる人が多いようです。しかしながら、この音は日本人には**とても楽に作れる音**なのです。**Y** を嫌(イヤ)とイメージできるようになれば、たとえば **yellow** が「イエロー」なのか、それとも「ィヤロー」なのか、きちんと区別をつけ正しく発音できるようになります。

嫌＝Yy

Consonants

●Exercise●

フォニックサイズ **発音練習**

● 基礎の音をCDと一緒にエクササイズ   y・y・y

● CDの後についてリピーティング   y- y- y-

How to say it!
身の回りの単語で始めよう

① y y **y**es
② y y **y**en
③ y y **y**ear
④ y y **y**esterday
⑤ y y **y**oung
⑥ y y **y**et
⑦ y y **y**ard
⑧ y y **y**ellow

[はい、円（日本の通貨）、年、昨日、若い、まだ、裏庭、黄色]

Read aloud!
声に出してみよう

yacht, **y**ogurt, **y**ell, **y**oyo, **y**earn, **y**oga

[ヨット、ヨーグルト、大声を上げる、ヨーヨー、憧れる、ヨガ]

子音

Spice it up!
感嘆表現から

1. **Yippee!** (やった)
2. **Yahoo!** (わーい)
3. **Yep!** (うん) = Yes
4. **Yeah!** (ええ) = Yes
5. **Yuck!** (げっ)
6. **Yummy!** (おいしい)

※本来は子供のことば

Tongue Twister 早口ことば

Grow some yellow flowers in the yard!

(お庭に黄色いお花を咲かせよう)

review of this sound
この音の復習

できなかった単語などを書いておきましょう!

○
○
○
○
○
○
○
○
○
○

母音としての顔も持つY

Yは「アィ」または「イ」と読むものもあります。

❶ 「アィ」と読むもの　fly(飛ぶ)、cry(泣く)、style(様式) など
❷ 「イ」と読むもの　　system(システム)、rhythm(リズム)、crystal(水晶) など

077

Consonants

Rule 21

Hard / Soft C & G

かたいCとG、やわらかいCとG

ここまで１字つづりの子音フォニックスを学んできましたが、Ｃ と Ｇ にはさらにもう一つずつ音があります。それがルール21に登場する**かたいCとG**、そして**やわらかいCとG**です。"かたいにやわらかい？と聞き、いったいなんのことやら…"といぶかる読者さんもいるでしょう。しかしながら、このルールはみなさんがよくご存知の単語に、ごくふつうに適用されています。ただ、学校の授業などで習う機会が少ないため、わたしたち日本人はそれがルールであると気づかずにいるのだけなのです。実際のところ、英語の学習に関しては、どちらかというと耳よりもえんぴつで勝負するほうが得意な日本人にとって、Ｃ と Ｇ を使った中高生レベルの単語を正しくつづることにさほど苦労は感じないはず。しかしながら、それらを正しく発音するとなると話は別。Ｃ と Ｇ なんて知っているから別に勉強しなくてもいい…で済ませるのではなく、基礎を体系的に学ぶことは、発音のみならず英語を日常的に正しく使いこなすために必須であることを念頭におき学習をすすめていきましょう。さて、前置きはこの辺にして、さっそく本題へと入ります。まず、次のふたつのチャートをごらん下さい。

図1　かたいＧ（左）とやわらかいＧ（右）

game　**giant**
（ゲーム）（巨人）

子音

図2　かたいC（左）とやわらかいC（右）

cry（泣く）　**city**（市）

まず、**G** をみてみましょう。ひとつめの音は、ルール4で習った「グッ」の音ですね。これをかたい G（ Hard G ）といい、右の「ジュ」はやわらかい G（ Soft G ）と呼ばれています。同様に **cry** の「クッ」はかたい C（ Hard C ）、**city** の「ス」はやわらかい C（ Soft C ）となります。勘のいい読者さんは、ここまで読んでお気づきになったかもしれませんが、実はやわらかい音はあるフォニックスと音を共有しています。そうです、**G** は **J** の音、**C** は **S** の音なのです！

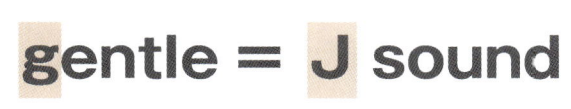

gentle = J sound
やわらかいGはJの音

図3　CとGのもうひとつの音

circle = S sound
やわらかいCはSの音

では、どの音がかたくて、またどれがやわらかいのかという見極めについてですが、**g** のあとに **a, o, u** が続くときかたい **G** になる—といったように、次に来るアルファベットである程度決まってきます。なお、このチャプターに出てくる単語はどれもみなさんがよく知っているものばかりです。馴染みの深い単語にこのようなルールがあったのか！とあらためておどろく人もいるでしょう。ぜひ実践と知識を重ねあわせ、より深い教養を手に入れてください。なお例外もありますが、基盤となる法則（ルール）を知っていると知らないのとでは、未知の単語に遭遇したとき、単語のつづりを読む時の"憶測力"に大きな差が出ることは言うまでもありません。

Consonants

C GROUP

a o u

■ C のあとに a, o, u が続くとき ■

Hard C ⇒ かたいCになる

cat （ネコ）　かたいCは「クッ」でしたね！

How to say it!
身の回りの単語で始めよう

語尾の c も Hard C「クッ」音となる。
（例）disc（ディスク）など

- **call** 呼ぶ
- **camera** カメラ
- **camp** キャンプ
- **captain** キャプテン
- **coast** 海岸
- **comb** 髪をとかす
- **come** 来る
- **cook** 料理する
- **cup** カップ
- **curtain** カーテン
- **cute** かわいい

子音

CD Track 21

e i y

■ **C のあとに e, i または y が続くとき** ■

Soft C ⇒ やわらかい C になる

city （市）　　やわらかいCはSと同じ「ス」！

How to say it!
身の回りの単語で始めよう

- **c**eiling　天井
- **c**enter　中央
- **c**igarette　タバコ
- **c**inema　映画
- **c**ircle　円
- **c**ity　市

- **c**yclone　サイクロン
- **c**ymbal　シンバル
- bi**c**ycle　自転車
- ri**c**e　お米
- pea**c**e　平和
- fen**c**e　フェンス、木冊

081

Consonants

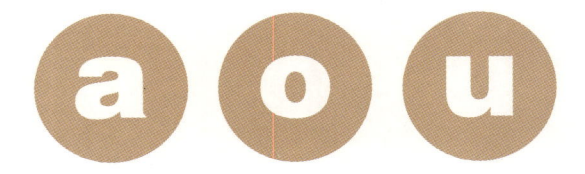

G GROUP

a o u

■ Gのあとに a, o, u が続くとき ■

Hard G ⇒ かたいG音になる

gate （門）   かたいGは「グッ」でしたね！

How to say it!
身の回りの単語で始めよう

語尾の g も Hard C「グッ」音となる。
（例）big, bag, mag

- **gamble** かけ事をする
- **game** ゲーム、試合
- **garden** 庭
- **gather** 集まる
- **go** 行く
- **goat** ヤギ
- **gold** 金の
- **golf** ゴルフ
- **gospel** ゴスペル
- **gum** ゴム
- **gutter** みぞ

子音

CD Track 22

e i y

■ Gのあとに e, i または y が続くとき ■

Soft G ⇒ やわらかいG音になる

ginger （しょうが）　やわらかいGはJと同じ「ジュ」！

How to say it!
身の回りの単語で始めよう

- **gel** ジェル（髪のスタイリング用）
- **gem** 宝石
- **general** 一般的な
- **gentle** 優しい
- **giant** 巨人
- **ginger** しょうが
- **gym** ジム、スポーツクラブ
- **gypsy** ジプシー
- **energy** エネルギー
- **psychology** 心理学
- **religion** 宗教
- **stage** 舞台

Consonants

> **まとめ** CとGには音が2種類あります。
>
> かたいC = C音（クッ）   かたいG = G音（グッ）
> やわらかいC = S音（スッ）   やわらかいG = J音（ジュ）

CD Track 23

クイズに挑戦

Cグループ 問題

それぞれの単語が、
Hard CとSoft Cのどちらに
あたるか答えましょう。

1. **cap**   [かたい・やわらかい]
2. **mice**   [かたい・やわらかい]
3. **face**   [かたい・やわらかい]
4. **center** [かたい・やわらかい]
5. **cube**   [かたい・やわらかい]
6. **cone**   [かたい・やわらかい]
7. **cent**   [かたい・やわらかい]

Gグループ 問題

それぞれの単語が、
Hard GとSoft Gのどちらに
あたるか答えましょう。

1. **goose**   [かたい・やわらかい]
2. **giant**   [かたい・やわらかい]
3. **good**   [かたい・やわらかい]
4. **large**   [かたい・やわらかい]
5. **garden** [かたい・やわらかい]
6. **gorilla** [かたい・やわらかい]
7. **magic**   [かたい・やわらかい]
8. **genius** [かたい・やわらかい]

子音

Answer keys

Cグループ 解答

1. **cap** [かたい]
2. **mice** [やわらかい]
3. **face** [やわらかい]
4. **center** [やわらかい]
5. **cube** [かたい]
6. **cone** [かたい]
7. **cent** [やわらかい]

Gグループ 解答

1. **goose** [かたい]
2. **giant** [やわらかい]
3. **good** [かたい]
4. **large** [やわらかい]
5. **garden** [かたい]
6. **gorilla** [かたい]
7. **magic** [やわらかい]
8. **genius** [やわらかい]

Chapter 2

Short Vowels

短母音

a e i o u

Short Vowels

1字つづりの母音

　さてこの章では単語と単語をつなぐのりづけ役 ― 短母音＜aeiou＞を学習します。母音のアルファベットは5個しかありませんが、それぞれにアルファベット読みとフォニックス読みがあるので少なくとも10通りの発音が存在します。なお、この**アルファベット読み**は平たく言うとアルファベットのまま読んだ音のこと。つまり、aeiouをアルファベット読みすると ⇒ A（エィ）、E（イー）、I（アイ）、O（オゥ）、U（ユー）となり、私たちに日本人にもたいへん発音しやすい音といえます。しかしながら、**BAG**を例に取るとわかるように、Aは「エィ」と発音されません。こうなったときに登場するのが**フォニックス読み**です。これは短母音といい、その言葉が示すように、どの音も比較的短く発音されるのが特徴です。

基本のAEIOUには
❶ アルファベットの読み と
❷ フォニックスの読み がある

　では次に、短母音 aeiou をどうやって発音すればよいか？―という実践的な疑問が沸いてくると思います。正しい音を習得するには、口の筋肉をやわらかくし、あごの上げ下げという基礎練習をたゆまず積む必要があります。（練習法はP67参照のこと）たとえば本章で A、O、U はアに似た音ですが、実際はまったく違う音です。私は AOU など微妙な音を作り分ける工程を、授業でチューニングと呼んでいますが、それぞれの音を正しく発音するには、あごや口角のポジションを母音に応じて適切に調整しなくてはなりません。ちょっと

短母音

したあごの上げ下げで、母音の音が崩れることがよくあります。子音は唇や舌を使って音を操作する傾向がありますが、**aeiou** はあごの上下運動と口角の引き具合が大きなポイントとなります。子音同様、CDと一緒にチューニング作業をくり返し行ってください。

アルファベットの読み

m a k e
=
メ エィ ク

フォニックスの読み

c a p
=
キャ ア ップ

どちらも **a** なのに音が違う！

Short Vowels

＜アイウエオとは異なる音＞

　aeiou はいっけん発音が簡単そうにみえますが、なかなかの強敵揃いです。また日本語の母音に似た音（アエイオウ）とつい考えがちですが、似て非なる音です。実際に練習してみるとよくわかりますが、日本語の「アエイオウ」よりも英語の「 aeiou 」のほうがよりあいまいでぼんやりとした音あいとなります。また、a などは、日本語にはないあいまいな音となるため、口のまわりの筋肉をより酷使しなくてはなりません。文字によっては、口を縦に大きく開ける、あごを低く下げる、口はしを真一文字に引くなど、日本語ではあまり使うことのない筋肉をおおいに動かす必要がでてくるため、最初のうちはうんざりするほどあごがだるくなります。しかしながら、ここを乗り切れば短母音の核をものにしたも同然です。

＜発音練習のまえに＞

　aeiou の練習を開始する前に、口のまわりの筋肉をやわらかくしておく必要があります（P67を参照のこと）また、とくに成人学習者にありがちな傾向として、"A は「エイ」である"という先入観を捨てられないために発音の上達が遅れる—という現状があります。むしろ、今まで蓄えてきた"豊富な知識"がきれいな発音を習得する妨げになっているといっても過言ではありません。英語を学ぶうえで、知識を活用するのは大いに結構ですが、発音学習の初期段階においては固定観念を捨てゼロから始める姿勢を持つことが大切です。そしてなにより忘れてはならないのは、恥ずかしがらずにCDと一緒に音まね、すなわち"音読"をくり返すこと。自分の耳こそが、自分の英語をもっともよく知る身近なリスナーであることをお忘れなく。さあ、これから発音がどんどんよくなりますよ！　ワクワクしながら楽しく練習していきましょう。

短母音

Rule 22
CD Track 24

A a
[ア]

Voiced Sound
有声音

よくわかる
フォニックス実況中継

■ 下準備

「えあ・えあ・えあ」とはっきり、そしてゆっくり言ってみましょう。日本語にはない、あいまいな音ができましたか。

口をヨコにひっぱり…　　「えー」と言いながらタテに開いていく…　　「え」と「あ」の口周の音が出ます

■■ 発音のツボ

次に口はしを横に引いたままの状態で、「エー」といいながら、あごを下げていきます。そうすると、「エ」だった音が、徐々に「ア」に変わっていくのがわかりますか。その音の変わり目がフォニックスの A です。A は「え」と「あ」を足して 2 で割ったあいまいな音。キッと横に伸ばした口はしが元に戻らないよう注意しましょう。

■■■ ☞ ここが急所！

「エ」の口で「ア」と発音するのですから、音に矛盾が生じて当たり前。この矛盾は言いかえれば、あいまいさのことですが、誰にでも聞き取れる"クリアなあいまい音"を作るには、口はしをしっかりと横に引かなくてはなりません（最初のうちはけっこう痛いです）口が逆三角形になるイメージを叩き込みましょう。

091

Short Vowels

● Exercise ●

フォニックサイズ **発音練習**

● 基礎の音をCDと一緒にエクササイズ　　**a・a・a**

● CDの後についてリピーティング　　**a- a- a-**

How to say it!
身の回りの単語で始めよう

① a a **ant**　　　　⑤ a a **map**
② a a **apple**　　　⑥ a a **cap**
③ a a **alligator**　⑦ a a **hand**
④ a a **angry**　　　⑧ a a **sad**

[アリ、りんご、ワニ、怒っている、地図、帽子、手、悲しい]

Read aloud!
声に出してみよう

Africa, bang, apricot, catalog, ask, tackle

[アフリカ、ドンドンたたく、アプリコット、カタログ、たずねる、立ち向かう]

短母音

a がフォニックス読み（短母音）となるのは、たいていの場合、その母音で単語が始まっているとき、または単語の中央に母音がひとつあるときです。
（例）ant、hand, gladなど。

Tongue Twister 早口ことば

Andy's band plays rat-a-tat.

（アンディのバンドはドンドンドンと打ち鳴らす）

review of this sound
この音の復習

できなかった単語などを書いておきましょう!

○
○
○
○
○
○
○

マメ知識 強いアクセント（●）が他の位置にあるときのA

❶ 弱くぼやけたアの音
china（中国）、about（〜について）、Japan（日本）など

❷ イに近い弱いエの音
message（メッセージ）、village（村）、percentage（パーセンテージ）など
（※ 単語が-ageで終わるときに多い）

093

Short Vowels

Rule 23
CD Track 25

E e
[エッ]

Voiced Sound
有声音

よくわかる
フォニックス実況中継

■ 下準備

エンピツの「え」を、「え・え・え」と一音つづ切りながら発音してください。

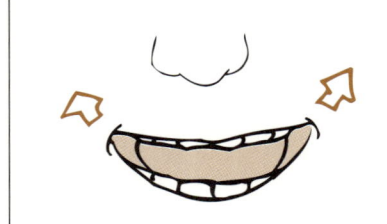

ワリバシを
左右の歯でかんで
口角をヨコに
引っ張り、日本語の
「え」を強く「エッ」
と発音

■■ 発音のツボ

フォニックスの E は、この「え」とよく似た音。楽に発音できる音のひとつです。なお、違いをひとつあげると、日本語の「え」は口をリラックスさせた状態で発音しますが、フォニックスの E はそれよりも口はしを横に引き、短くそして強く「エッ」と言います。

■■■ ☞ ここが急所！

口はしを横に引き、太めのサインペンのキャップが1本入るぐらいのすき間を作ると、きれいな音が出せます。

短母音

● Exercise ●

フォニックサイズ　発音練習

● 基礎の音をCDと一緒にエクササイズ　　e・e・e

● CDの後についてリピーティング　　e- e- e-

How to say it!
身の回りの単語で始めよう

① e e　egg
② e e　seven
③ e e　elephant
④ e e　end
⑤ e e　men
⑥ e e　net
⑦ e e　neck
⑧ e e　test

[タマゴ、7、ゾウ、終わり、男性の複数形、ネット、首、テスト]

Read aloud!
声に出してみよう

elevator, elbow, essay, trend, Meg, rent

[エレベーター、肘、小論文、流行、メグ（女性の名前）、家賃]

Short Vowels

Tongue Twister 早口ことば

Emily's hen laid eggs this morning.

（エミリーのめん鳥は今朝たまごを産んだ）

review of this sound
この音の復習

できなかった単語などを書いておきましょう！

- ○
- ○
- ○
- ○
- ○
- ○
- ○
- ○
- ○
- ○

マメ知識 強いアクセント（●）が他の位置にあるときのE

❶ 弱いエの音
　　hundred（100）、moment（瞬間）、seven（7）など

❷ イに近い弱いエの音
　　roses（バラの複数形）、market（市場）、report（レポート）など

Rule 24　I i　[イ]

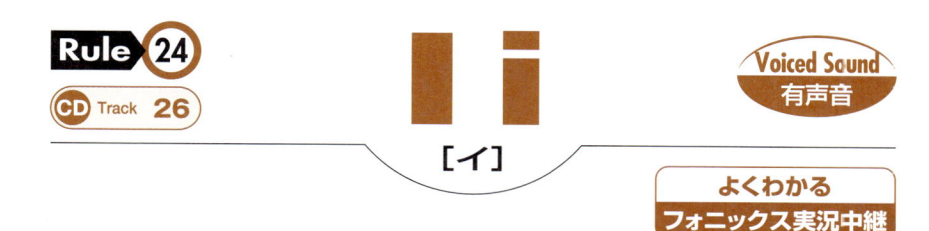

Voiced Sound 有声音

よくわかる フォニックス実況中継

下準備

E のときと同じく日本語の「え・え・え」を、大きな声で3回言いましょう。

発音のツボ

E はそのまま「エ」と発音するだけでしたが、フォニックスの I は「え」の口で「イ」と発音します。また、口はしを強く引くため、日本語のよりも**とんがった音**になります。

日本語の「え」の口で「イッ」と発音

ここが急所！

短母音のグループは、口はしを強く引いて作る音がとても多いことが、これまでの学習でお分かりいただけたと思います。また、口角の両端を引いたと思えば、今度はあごが下へ下がるなど… 始めのうちは慣れない口の動きに筋肉がたいへん疲れます。しかしながら、**これは英語の学習者であればだれもが一度は通る道**。いまは大変でも、この疲れがなくなればしめたもの。自分の口が**英語用にフォーマット化**されたという証です。

Short Vowels

● **Exercise** ●

フォニックサイズ **発音練習**

● 基礎の音をCDと一緒にエクササイズ　　i・i・i

● CDの後についてリピーティング　　i- i- i-

How to say it!
身の回りの単語で始めよう

① i i in
② i i inch
③ i i image
④ i i ink
⑤ i i pin
⑥ i i sink
⑦ i i win
⑧ i i print

[中に、インチ、イメージ、インク、ピン、台所のシンク、勝つ、印刷する]

Read aloud!
声に出してみよう

if, kick, thin, river, trim, listen

[もし、キック、細い、川、刈る、聞く]

短母音

Tongue Twister 早口ことば

Who sp_i_lled the p_i_nk _i_nk bottle?

(そのピンクのインクビンをこぼしたのは誰?)

nd の前の i は
たいていアルファベット読み (long - i sound) となる ⇒ 「アイ」

(例) ki_nd_ (親切な)、fi_nd_ (見つける)、mi_nd_ (知力)、gri_nd_ (みがく) など

review of this sound
この音の復習

できなかった単語などを書いておきましょう!

- ○
- ○
- ○
- ○
- ○
- ○
- ○
- ○

マメ知識 強いアクセント(●)が他の位置にあるときのI

❶ 弱くぼやけたイの音
　Ápril (4月)、póssible (可能な)、hóliday (休暇) など

❷ I のフォニックス読みより弱いイの音
　ténnis (テニス)、rábbit (うさぎ)、cartóonist (漫画家) など

| 099

Short Vowels

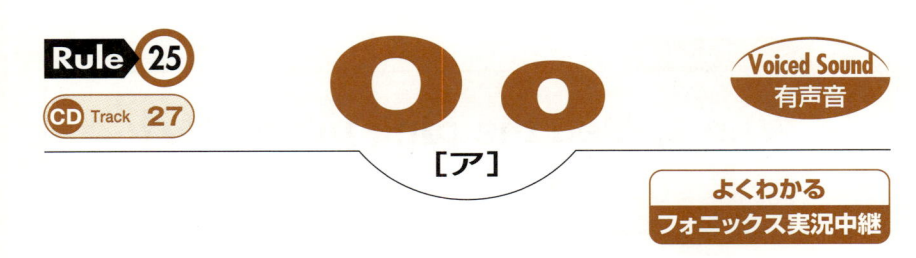

Rule 25
CD Track 27

O o [ア]

Voiced Sound 有声音

よくわかる
フォニックス実況中継

下準備

大きく「あくび」をするまねをしてみましょう。なお、その時に口に指が何本入るか確認してください。

あくびをしながら
ハラの底から出すイメージ
1オクターブ高く「あ〜」

少なくとも指2本
タテに入るくらいの大きさ

手は上げなくていい

発音のツボ

個人差があると思いますが、**だいたい指2〜3本**といったところでしょうか。O は、その数の分だけ口を大きくたてに開き「ア」と言います。日本語よりもあいまいで**オクターブ高め**に聞こえればOKです。

ここが急所！

口を縦に大きく開き（つまりあごを低く下げる）、のどの深いところから音を出すのがきれいな音を作るポイント。最初のうちは、あごがだるく感じますが、根気よく練習を行ってください。O の作り方を忘れそうになったら、**あくびの仕草**を思い出しましょう。

短母音

● Exercise ●

フォニックサイズ **発音練習**

● 基礎の音をCDと一緒にエクササイズ　　o・o・o

● CDの後についてリピーティング　　　　o- o- o-

How to say it!
身の回りの単語で始めよう

① o o　**O**ctober
② o o　**o**live
③ o o　b**o**x
④ o o　h**o**liday
⑤ o o　t**o**p
⑥ o o　b**o**dy
⑦ o o　l**o**t
⑧ o o　c**o**py

[10月、オリーブ、箱、休暇、頂上、体、くじ、複写する]

Read aloud!
声に出してみよう

<u>o</u>bject, fr<u>o</u>g, p<u>o</u>nd, l<u>o</u>ck, kn<u>o</u>t, j<u>o</u>b

[目的、カエル、池、鍵をする、結び目、仕事]

Short Vowels

Tongue Twister 早口ことば

Oliver stopped mopping the floor.
（オリバーはモップの床掃除をやめた）

ld および st の前の o は
アルファベット読み（long - o sound）になることがある⇒「オゥ」

- **- ld** cold（冷たい）、fold（折りたたむ）、told（tellの過去形）、old（古い）、hold（保つ）など
- **- st** most（ほとんど）、post（郵送する）、ghost（おばけ）など

review of this sound
この音の復習

できなかった単語などを書いておきましょう！

○
○
○
○
○
○
○
○

マメ知識 強いアクセント（●）が他の位置にあるときのo

oのフォニックス読みより弱いオの音
lemon（レモン）、second（二番目）、common（共通の）など

短母音

Rule 26
CD Track 28

U u
[アッ]

Voiced Sound
有声音

よくわかる
フォニックス実況中継

下準備

忘れ物に気づいたときの「あっ」を言ってみましょう。

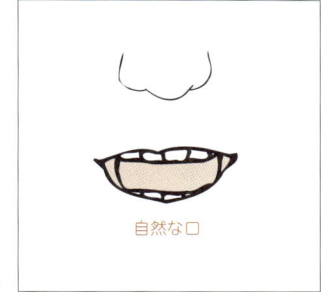

発音のツボ

次に忘れ物の「あっ」をひとり言のように小さくつぶやきます。口をあまり開けずに「アッ」とのど奥から小さく声を出します。あいまい母音ですのでくぐもった音（はっきりとしない音）として発音するのがコツです。

自然な口

ここが急所！

AOU は、いずれもカタカナで表わすと「ア」（または「アッ」）ですが、まったく別の音であることがこれまでの学習で分かりましたね。このような微妙な音の違いは、頭で考えているだけでは習得は不可能、必ず声に出し特訓する必要があります。なお、音読は英語の発音をみがく上で必要不可欠な練習法。これまでに出てきた子音と母音をマスターするだけでも、みなさんの発音は見違えるほどきれいになります。がんばりましょう。

Short Vowels

● Exercise ●

フォニックサイズ **発音練習**

● 基礎の音をCDと一緒にエクササイズ　　u・u・u

● CDの後についてリピーティング　　u- u- u-

How to say it!
身の回りの単語で始めよう

① u u　**up**
② u u　**uncle**
③ u u　**umbrella**
④ u u　**study**
⑤ u u　**butter**
⑥ u u　**lunch**
⑦ u u　**cup**
⑧ u u　**Sunday**

[上へ、おじ、傘、勉強する、バター、昼食、カップ、日曜日]

Read aloud!
声に出してみよう

jump, brush, ugly, fun, lucky, run

[ジャンプする、ブラシをかける、不快な、楽しい、幸運な、走る]

短母音

Tongue Twister 早口ことば

Uncle Joe went **u**pstairs for the **u**mbrella.

（ジョー叔父さんは傘を取りに2階へ上がった）

review of this sound
この音の復習

できなかった単語などを書いておきましょう！

-
-
-
-
-
-
-
-
-

マメ知識 強いアクセント（●）が他の位置にあるときのU

Uのフォニックス読みより弱いアの音
Aug**u**st（8月）、alb**u**m（アルバム）、s**u**stain（続ける）など

Short Vowels

ルールにあてはまらない単語は、目で学び音で体得！

英語のつづりに不規則性はつきものです。例えばgiveはサイレントEのルール（Rule83）を使いますと「ガイヴ」となるのですが、皆さんご存知の通りこの単語は「ギヴ」と発音をします。不規則性ばかりにこだわっているとフォニックスの持つ実用性を十分に活用することができません。ちょっと荒削りな言い方ですが、不規則な単語は不規則なものとして受け止め、そういったものは暗記で覚えればいいんだ―というおおらかな気持ちで接することが大切です。そしてルールに当てはまらない綴りは目で学び音で体得していきましょう。

Chapter 3

Consonant Digraphs
子音ダイアグラフ

ch sh th
gh ph wh ck ng

Consonant Digraphs

2文字の子音が新しいひとつの音をつくる

　この章から2文字づづりの学習に進みます。さて、**Digraphs**〈ダイアグラフ〉は「2字1音」という意味ですが、**これは異なる子音同士が隣り合い、新しい音を作る**というルール。もちろん、つづりの組み合わせにはある程度の限りがあり、どの子音が並んでもこのルールが適用されるというわけではありませんが、think の TH や sing の NG などがダイアグラフの代表的な例といえます。では、ふたつの子音がどのようにして新しい音を作るのか― TH を使ってお話ししたいと思います。

　まず、チャプター1で習った T と H の1字つづりフォニックスをそれぞれ発音してください。(いまひとつ自信のない方はP26、P61をご参照ください)どうですか、簡単に音が作れましたでしょうか。では次に、T と H をあたかも"ひとつの音"であるかのように一気に発音し、その音が think(考える)の TH 部分と同じ音かどうかを確認してください。

　いかがです？読者の皆さんの中には T と H を無理やりくっつけようと発音し、今までに聞いたこともない妙な音(？)を作ってしまった方がいるかもしれません。残念ながらどんなにがんばっても、みなさんが期待する「スィンク」とはならなかったはず。これが、「新しい音を作る」―というダイアグラフの特徴です。ちなみに TH には2種類の音があり、①息だけで作る無声音(**think** など)と、②声で作る有声音(**they** など)に分けられます。文字は2文字ですが、あくまで一音として発音しますので、基本的には1字つづりの発音となんら変わりありません。

ダイアグラフのチャート

$$t + h \neq th$$
$$t + h = \boxed{新しい音} \leftarrow 2字1音$$

子音ダイアグラフ

Rule 27
CD Track 29

CH ch
[チ]

Voiceless Sound
無声音

発音のコツ

舌の先っぽを上前歯の裏側につけます。舌打ちの「残念、チェッ！」を「チィッ」に変えた時のチの音に似ています。ただし、息だけで作られる子音なので発音のとき、のどはふるえません。口を丸くすぼめ気味にするとうまく音が出せます。

● Exercise ●

フォニックサイズ　発音練習

● 基礎の音をCDと一緒にエクササイズ

ch・ch・ch

● CDの後についてリピーティング

ch- ch- ch-

How to say it!
身の回りの単語で始めよう

① ch ch　**church**　② ch ch　**chair**

Consonant Digraphs

③ ch ch cheese   ⑤ ch ch teach
④ ch ch French   ⑥ ch ch speech

[教会、いす、チーズ、フランスの、教える、スピーチ]

Quiz

Q：CHを入れ単語を完成し、音読をしましょう

① ☐☐ance   ④ bran☐☐
② hun☐☐   ⑤ ☐☐est
③ ☐☐ime

（正解はこのページの下）

review of this sound
この音の復習

できなかった単語などを書いておきましょう！

○
○
○
○
○
○
○
○

マメ知識 C&Kと同じ音のCH（= クッ）もある！
chorus（コーラス）、stomach（おなか）、character（性格）、Christmas（クリスマス）など。

①chance（チャンス）、②hunch（勘）、③chime（チャイム）、④branch（支店）、⑤chest（胸の）

子音ダイアグラフ

Tongue Twister 早口ことば

Charlie eats chicken at a Chinese restaurant.

（チャーリーはチャイニーズレストランでチキンを食べる）

CHの音はこれ以外にもある

chにはいくつか他の音がありますので、あわせて覚えましょう。このルールを知っておくと、新しい単語の音を憶測するときに大変役立ちます。

C&K音 **SH音**

- **-ch** as in chemistry（化学） the sound of C&K（クッ）Page 20
  echo（声の反響）、character（性格）、
  school（学校）、Christmas（クリスマス）

- **-ch** as in chef（料理人） the sound of SH（シュ）Page 112
  machine（機械）、chauffeur（おかかえの運転手）、
  parachute（パラシュート）、chic（シックな）

マメ知識 tch も ch と同じ音！
catch（捕まえる）、watch（観る）、match（試合）など。

111

Consonant Digraphs

Rule 28
CD Track 30

SH sh
[シュ]

Voiceless Sound
無声音

■■ 発音のコツ

機関車の"シュッシュッポッポ"をイメージして「シュ」。煙突からもくもくとたちのぼる煙のごとく、丸くすぼめた口からたくさんの息を放出するのがポイント。

● Exercise ●

フォニックサイズ 発音練習

● 基礎の音をCDと一緒にエクササイズ

sh・sh・sh

● CDの後についてリピーティング

sh- sh- sh-

How to say it!
身の回りの単語で始めよう

① sh sh shine   ② sh sh shovel

子音ダイアグラフ

③ sh sh　short
④ sh sh　dish
⑤ sh sh　fish
⑥ sh sh　British

[輝く、ショベル、短い、皿、魚、英国人]

Quiz

Q：SHを入れ単語を完成し、音読をしましょう

① □□ore
② styli□□
③ □□ift
④ cheri□□
⑤ □□adow

（正解はこのページの下）

review of this sound
この音の復習

できなかった単語などを書いておきましょう!

①shore（岸）、②stylish（流行の）、③shift（変える）、④cherish（いたわる）、⑤shadow（影）

113

Consonant Digraphs

Tongue Twister 早口ことば

She gave her **sh**oes a good **sh**ine for the party.

（彼女はパーティー用の靴をピカピカに磨いた）

TI と CI は SH の音になる！

interna**ti**onal や musi**ci**an の太字部分を音読するとわかりますが、どちらも SH の音と同じです。このように英語という言語は、つづりがちがっても同じ音を共有する場合が多いことが特徴のひとつとしてあげられますね。

- **ti**　SH sound　interna<u>t</u>ional（国際的な）、genera<u>t</u>ion（世代）、pa<u>t</u>ient（がまん強い）、informa<u>t</u>ion（情報）

- **ci**　SH sound　commer<u>c</u>ial（商業の）、magi<u>c</u>ian（手品師）、pre<u>c</u>ious（大切な）、artifi<u>c</u>ial（人工の）

子音ダイアグラフ

Rule 29　TH th 1
CD Track 31
息の [ス]

Voiceless Sound 無声音

発音のコツ
P119参照→

両前歯で舌の先っぽをかむと、少しだけ口が開きますね。噛んだままの状態で、すきまから「スッ」と息を吐き出しながら、舌を引っ込めます。これが音なし"息のth"です。なお両手のひらを口の前に置き、息が口はしからもれているのを確認してください。手になにも感じなかったり、息が四方に拡散してたとすれば、摩擦が正しく行われていない証拠。

● Exercise ●

フォニックサイズ　発音練習

- 基礎の音をCDと一緒にエクササイズ　　th・th・th
- CDの後についてリピーティング　　th- th- th-

How to say it!
身の回りの単語で始めよう

① th th　think
② th th　thank
③ th th　theater
④ th th　birth
⑤ th th　eighth
⑥ th th　teeth

[考える、感謝する、劇場、生まれる、8番目、歯]

Consonant Digraphs

Quiz

Q: THを入れ単語を完成し、音読をしましょう

① □□oughtful
② □□ermometer
③ □□eme
④ □□rilling
⑤ fil□□y

（正解はこのページの下）

Tongue Twister 早口ことば

Thank you for the **th**oughtful gift, Mr. **Th**orpe.

（心のこもったプレゼントありがとう、ソープさん）

review of this sound
この音の復習

できなかった単語などを書いておきましょう！

①thoughtful（思いやりのある）、②thermometer（温度計）、③theme（テーマ）、④thrilling（ワクワクする）、⑤filthy（汚い）

子音ダイアグラフ

Rule 30 TH th2 — 声の[ズ]
(CD Track 32) Voiced Sound 有声音

発音のコツ

舌の先っぽを前歯で噛むところまでは"息の th"と一緒ですが、**"声のth"**は「ズッ」と言いながら舌を引っ込めていきます。**舌先につよい振動を感じます**がそのまま声を出し続けてください。

● Exercise ●

フォニックサイズ 発音練習

● 基礎の音をCDと一緒にエクササイズ　th・th・th

● CDの後についてリピーティング　th- th- th-

How to say it!
身の回りの単語で始めよう

① th th　　this
② th th　　that
③ th th　　they
④ th th　　clothe
⑤ th th　　although
⑥ th th　　together

[これ、あれ、彼らは、服を着る、〜だけれども、一緒に]

117

Consonant Digraphs

Quiz

Q: THを入れ単語を完成し、音読をしましょう

① ☐☐us
② ba☐☐e
③ brea☐☐e
④ sou☐☐ern
⑤ trustwor☐☐y

（正解はこのページの下）

Tongue Twister 早口ことば

"What are you two talking about?"
"**Th**is, **th**at and **the** o**the**r!"

(2人でなにを話してるの? あれやこれとね!)

review of this sound
この音の復習

できなかった単語などを書いておきましょう!

①thus（こうして）、②bathe（入浴する）、③breathe（息をする）、④southern（南の）、⑤trustworthy（信頼できる）

th音（1＆2共通）の上手な作り方

● 口角を上げスマイル口を作る

下唇に上前歯をあて、息または声を出す。

そのまま息を
はくと、両端から
もれるイメージ

th。

舌の先を前歯でかむ

th〜〜

手で口角を
引っ張ってみる

まとめ
◎ 息の th：音はありません（voiceless sound）
◎ 声の th：音があります（voiced sound）

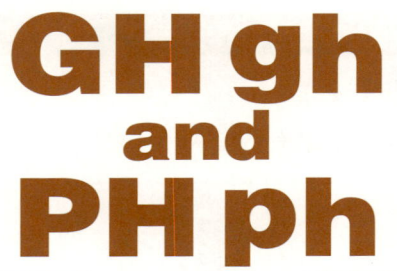

Consonant Digraphs

Rule 31
CD Track 33

GH gh and PH ph
[f 音]

Voiceless Sound　無声音

発音のコツ

つづりは異なりますがいずれもフォニックスの **F** と同じ音。なお、F は前歯で下くちびるを少しかみ（実際にはあてる感じですが）口はしから息だけを流す無声音でしたね。（38ページを参照のこと）　なお、息を吐き出すとき**口角をキュッと上げる**のを忘れずに。

●Exercise●

フォニックサイズ
発音練習

● 基礎の音をCDと一緒にエクササイズ

gh・gh・gh
ph・ph・ph

● CDの後についてリピーティング

gh- gh- gh-
ph- ph- ph-

口はしを上げると
うまく発音ができる

子音ダイアグラフ

How to say it!
身の回りの単語で始めよう

① gh gh　cou**gh**
② gh gh　tou**gh**
③ gh gh　enou**gh**
④ ph ph　**ph**oto
⑤ ph gh　**ph**one
⑥ ph ph　tro**ph**y

[せきをする、頑丈な、十分な、写真、電話、トロフィー]

Quiz

Q：GHまたはPHを入れ単語を完成し、音読をしましょう

gh と ph は f の音!

① rou☐☐
② ☐☐armacy
③ ☐☐iloso☐☐y
④ lau☐☐ter
⑤ lau☐☐

※ ④の動詞形ですので、あわせて覚えておきましょう。

（正解はこのページの下）

Tongue Twister　早口ことば

The lau**gh**ing man on the **ph**one is my ne**ph**ew.

（笑いならが電話で話している男性は、ボクの甥です）

①rough（ざらざらした）、②pharmacy（薬局 *イギリス英語）、③philosophy（哲学）、④laughter（笑い）、⑤laugh（笑う）

Consonant Digraphs

音のない gh

単語によっては発音をしないghがありますので注意しましょう。

through　　（〜を通して）
high　　　（高い）
eight　　　（8）
night　　　（夜）
sight　　　（光景、眺め）

レッスン中は別人のBさん

英語で話すと別人に変わるのが生徒のBさんです。普段はぼそぼそと話すタイプの方なのですが、ひとたび英会話のレッスンになると声が大きい大きい…確かに、英語にはGのようにおなかに力を入れるもの、またたくさんの息を吐き出すHなどがあるので、自然と声も大きくなってしまうのでしょうが、本人の雰囲気まで変わってくるのが何とも不思議です。これも英語の持つ魅力のひとつですね。

Rule 32 — WH wh [ウッ] (Voiced Sound 有声音)

CD Track 34

子音ダイアグラフ

■ 発音のコツ

つづりをひっくり返し h → w の要領で発音します。H は息だけで作られる無声音なので、W の「ウッ」が強く出ます。

● Exercise ●

フォニックサイズ　発音練習

● 基礎の音をCDと一緒にエクササイズ

wh・wh・wh

● CDの後についてリピーティング

wh- wh- wh-

WH ⇒ hw

Consonant Digraphs

How to say it!
身の回りの単語で始めよう

① wh wh **wh**en
② wh wh **wh**y
③ wh wh **wh**ere
④ wh wh **wh**ite
⑤ wh wh **wh**ile
⑥ wh wh **wh**ich

[いつ、なぜ、どこ、白い、〜の間、どちら]

Quiz
Q：WHを入れ単語を完成し、音読をしましょう

① ☐☐eat
② ☐☐eel
③ ☐☐istle
④ ☐☐isper
⑤ ☐☐ichever

（正解はこのページの下）

Tongue Twister　早口ことば

The <u>wh</u>ite <u>wh</u>ale is spouting!

（白くじらが水しぶきをあげているよ！）

〈例外の wh〉
whole, who の w は発音しませんので
h の音だけが残ります。

①wheat（穀類）、②wheel（自動車のハンドル）、③whistle（口笛を吹く）、④whisper（ささやく）、⑤whichever（どちらでも）

子音ダイアグラフ

Rule 33　CK ck
CD Track 35

[CおよびKと同じ音]

Voiceless Sound 無声音

発音のコツ

C および K と同じ音。すでに学習したように、CとKは同じフォニックス音ですから ⇒ C + K = CK = クッという公式を覚えましょう。

●Exercise●

フォニックサイズ　発音練習

● 基礎の音をCDと一緒にエクササイズ

ck・ck・ck

● CDの後についてリピーティング

ck- ck- ck-

C+K=CK

125

Consonant Digraphs

How to say it!
身の回りの単語で始めよう

① ck ck　ne**ck**　　④ ck ck　pi**ck**
② ck ck　che**ck**　　⑤ ck ck　qui**ck**
③ ck ck　bla**ck**　　⑥ ck ck　po**ck**et

[首、チェックする、黒い、つまみあげる、速い、ポケット]

Quiz

Q：CKを入れ単語を完成し、音読をしましょう

① si□□ly　　　　④ broomsti□□
② skyro□□et　　⑤ hammo□□
③ cri□□et

（正解はこのページの下）

Tongue Twister　早口ことば

Ni<u>ck</u> wished Ja<u>ck</u> good lu<u>ck</u> for the exam.

（ニックはジャックのために幸運を祈った）

①sickly（病弱な＊形容詞）、②skyrocket（値段などが急に上がる）、
③cricket（クリケット＊スポーツ）、④broomstick（ほうきの柄）、⑤hammock（ハンモック）

子音ダイアグラフ

Silent Consonants （音のない子音）

ck のように、隣り合う子音のうちどちらかしか読まれないつづりが他にもあります。

kn = n sound
know（知る）、knot（結び目）、knife（ナイフ） 語頭のみ

sc = s sound
scissors（はさみ）、scene（場面）、scientist（科学者）

wr = r sound
write（書く）、wrap（包む）、wrong（悪い） 語頭のみ

mb = m sound
lamb（子羊）、limb（手足）、comb（髪をとかす） 語尾のみ

gn = n sound
design（デザイン）、foreign（外国）、sign（署名する） 語尾のみ

> **マメ知識**
> 効果的なフォニックス学習方法は、子供の気持ちに戻ってモノマネをすること。音の作り方を一通り理解したあとは、あれやこれやと考えず先生の音について反復練習を行いましょう。

Consonant Digraphs

Rule 34
CD Track 36

NG ng
[ング]

Voiced Sound 有声音

発音のコツ

G と同じく舌の付け根を上あごにあて、息の流れをふさぎます。次に「ン」と**鼻から音を抜き**（鼻音）、舌の付け根を開放しながら「ンｸﾞ」。「**ｸﾞ」は添える程度**のごくごく弱い音なので、はっきりと発音はしません。なお **ng** と **ck** は、単語のあたまにはきません。また2文字であっても**必ず1音**として発音してください。

● Exercise ●

フォニックサイズ　発音練習

● 基礎の音をCDと一緒にエクササイズ

ng・ng・ng

● CDの後についてリピーティング

ng- ng- ng-

子音ダイアグラフ

How to say it!
身の回りの単語で始めよう

① ng ng　si**ng**
② ng ng　bri**ng**
③ ng ng　you**ng**
④ ng ng　morni**ng**
⑤ ng ng　fi**ng**er
⑥ ng ng　ju**ng**le

[唄う、連れてくる、若い、朝、指、ジャングル]

Quiz

Q：NGを入れ単語を完成し、音読をしましょう

① ha☐☐
② lu☐☐
③ lightni☐☐
④ fascinati☐☐
⑤ feeli☐☐
⑥ sti☐☐

（正解はこのページの下）

review of this sound
この音の復習

できなかった単語などを書いておきましょう！

○
○
○
○
○
○
○
○
○

①hang（つるす）、②lung（肺）、③lightning（いなずま）、④fascinating（すばらしい）、⑤feeling（感情）、⑥sting（刺す）

129

Consonant Digraphs

Tongue Twister 早口ことば

Sue is goi<u>ng</u> to si<u>ng</u> the lovely so<u>ng</u> at a party.

（スーはパーティーでそのステキな歌を歌います）

マメ知識 自分の声を録音しよう！

自分の英語の音に正直に反応するのが自分の耳です。うまく発音ができないうちは、その音を聞いてもなかなか正確に聞き取ることができません。そこで、わたしがお勧めする練習法は自分の声を録音すること。自分では正しく発音していると思っていても客観的に聞いてみると違う音だった—ということもあります。いつでもさっと使えるレコーダーを一台手元に置き、空いている時間に自分の英語を録音し、音の調子を確かめてみましょう。

Chapter 4

::: *Consonant Blends*
子音ブレンド

S-Blends
〔sc, sk, sn など〕

L-Blends
〔gl, sl, cl など〕

R-Blends
〔dr, br, tr など〕

3-Letter Blends
〔spl, spr, thr など〕

Consonant Blends

子音の音がそれぞれ残る2文字以上のつづり音

　ブレンドコーヒーという言葉があらわすように、ブレンド(**blend**)は、食べ物などの味を整えるために違う種類の味を混ぜ合わせること。これを踏まえて、**Consonant**(子音)の **Blends**(ブレンド)とは、2つ以上の異なる子音が隣り合い音を作るというルールを指します。なお、**Blends** にはいくつかのグループがありますが、当本では以下の基本3グループを取り上げます。

① S-Blends　② L-Blends　③ R-Blends

　前のチャプターで学んだダイアグラフは、ふたつのアルファベットがとなり合い新しい音を作るルールでしたが、ブレンドはもともとの子音の音が残るという特徴があります。では次の **train** のチャートをごらんください。t と r の部分は2文字ですが、「トゥ」と「ゥル」を1字のように一気に発音します。1字つづりの子音(チャプター1)にもブレンドを使った単語がいくつかありますので探してみましょう。

t r a i n
↓ ↓
t + r = tr　本来の音が残るのが特徴
(ト　ウル)

　子音ブレンド群は、2文字および3文字の組み合わせがありますが、いずれも発音の際に注意しなくてはならないのは、文字の数に関係なく子音と子音の間に母音(**aeiou**)を決してはさまず、必ず「1音」として発音すること。これがブレンドルールの鉄則です。日本語の影響を受けるためか、発音のくせとして日本人は子音と子音の間に余分な母音をはさむ傾向があります。みなさんは青を

子音ブレンド

blue「ブゥルー」などと発音してはいませんか。あたまの bl はブレンド音なのでこの部分を一音として発音しなくてはなりません。もし、余分な"ウ"が単語の間に残っていたとしたら、外国人はこれを Bu Lue などと勘違いしてしまうかも知れません。固有名詞以外は本来 Bu Lue などという単語はありえないのですから、彼らにしてみれば何を言ってるのかさっぱりわからない… となるのがオチです。このように、不要な母音をはさんでしまうことで、ちょっとした勘違いを引き起こしかねませんので、その点を注意し練習に勤しんでください。

Consonant Blends は主に次のグループに分けることができます。

★ Initial Two Letter Blends　（2文字群ブレンド）
★ Initial Three Letter Blends　（3文字群ブレンド）

（注）ブレンドグループは、**それぞれの子音が残る**という特徴があるため、フォニックスの基本の音を知らなければどんなに努力しても正しい音を作ることはできません。"さて、この子音はどんな音だったかな？"と疑問に思ったときは、面倒くさがらずにいったん1字つづり子音のページに戻り、基本の音を確認してから学習を進めていきましょう。

（例）　**s + t = st**　　　　**st** →

アルファベットの数が
2文字（またはそれ以上でも）
1音として発音します。

（一気に発音）

Consonant Blends

GROUP 1 >>>

S-Blends
Sの子音混合グループ

親となる音

S Rule 11

このグループの1字つづり子音
c, k, m, n, p, qu, t, w

※ 見出しのブレンドは各つづりを強調するために音が強く聞こえることもあります。

子音ブレンド
GROUP ① S-Blends

Rule 35
CD Track 37

s + t = st
[ストゥッ]

Voiceless Sound
無声音

ぷち 発音のコツ
上の前歯に舌を近づけて t 。
かん高い音になる。

● Exercise ●

フォニックサイズ
発音練習

● 音のつながりをチェック！

s・t ⇒ s・t ⇒ st ⇒ st

● CDにあわせて音読しよう！

st- st- st-

How to say it!
身の回りの単語で始めよう

① st st　store
② st st　start
③ st st　stranger
④ st st　festival
⑤ st st　list
⑥ st st　guest

[店、始まる、見知らぬ人、お祭り、リスト、客]

Spice it up!
feast（ごちそう）, stomach（おなか）, stable（安定した）,
standard（基準）, steam（蒸気）, stock（在庫品）

Consonant Blends

Rule 36 CD Track 38

s + k = **sk**
［スクッ］

Voiceless Sound 無声音

ぷち 発音のコツ
音のよしあしはKの着地で決まる。

● Exercise ●

フォニックサイズ 発音練習

● 音のつながりをチェック!

s・k ⇒ s・k ⇒ sk ⇒ sk

● CDにあわせて音読しよう!

sk- sk- sk-

How to say it!
身の回りの単語で始めよう

① sk sk **sky**
② sk sk **frisk**
③ sk sk **skirt**
④ sk sk **skate**
⑤ sk sk **skill**
⑥ sk sk **disk**

[空、活発な、スカート、スケート、技術、ディスク]

Spice it up!

risky（リスクのある）, **sketch**（下絵）, **skeptical**（懐疑的な）, **skim**（ざっと読む）, **skillet**（長い柄のなべ）

子音ブレンド
GROUP ① S-Blends

Rule 37
CD Track 39

s + p = sp
[スプッ]

Voiceless Sound
無声音

ぷち 発音のコツ
Pで音をはれつさせる！

● Exercise ●

フォニックサイズ
発音練習

● 音のつながりをチェック！

s·p ⇒ s·p ⇒ sp ⇒ sp

● CDにあわせて音読しよう！

sp- sp- sp-

How to say it!
身の回りの単語で始めよう

① sp sp **sp**in
② sp sp **sp**eak
③ sp sp **sp**orts
④ sp sp **sp**end
⑤ sp sp **sp**ider
⑥ sp sp di**sp**lay

[回す、話す、スポーツ、過ごす、クモ、陳列する]

Spice it up!

spec（投機）, **sp**ouse（配偶者）, a**sp**ect（展望）,
spokesman（スポークスマン）, **sp**oncer（スポンサー）, gra**sp**（把握する）

Consonant Blends

Rule 38
CD Track 40

S + C = SC
［スク］

Voiceless Sound 無声音

発音のコツ
間髪あけず一気に発音しよう。

● Exercise ●

フォニックサイズ
発音練習

● 音のつながりをチェック！

S・C ⇒ S・C ⇒ SC ⇒ SC

● CDにあわせて音読しよう！

SC- SC- SC-

How to say it!
身の回りの単語で始めよう

① sc sc　school
② sc sc　score
③ sc sc　scary
④ sc sc　Scotland
⑤ sc sc　scarf
⑥ sc sc　disco

[学校、得点、怖い、スコットランド、スカーフ、ディスコ]

Spice it up!

scale（目盛り）, fiasco（大失敗）, ascribe（処方する）, scream（叫ぶ）, screw（ねじる）, scribble（走り書きする）

子音ブレンド
GROUP ① S-Blends

Rule 39
CD Track 41

s + qu = squ
［スクゥ］

Voiced Sound 有声音

🐥 発音のコツ
最初に息をスーともらす。

● Exercise ●

フォニックサイズ
発音練習

● 音のつながりをチェック！

s・qu ⇒ s・qu ⇒ squ ⇒ squ

● CDにあわせて音読しよう！

squ- squ- squ-

How to say it!
身の回りの単語で始めよう

① squ squ **squ**are　③ squ squ **squ**eeze
② squ squ **squ**irrel　④ squ squ **squ**ash

[正方形、リス、果物などをしぼる、スカッシュ（かぼちゃの種類）]

Spice it up!

squawk（鳥などのするどい鳴き声）, **squ**abble（口論）,
squall（突風）, **squ**eak（ネズミなどがチューチュー鳴く）,
squeal（キャーという悲鳴をあげる）,
squelch（ピシャピシャ音をたてる）

🐥 メモ squを使った単語には擬音語が多いのが特徴

Consonant Blends

Rule 40
CD Track 42

S + W = **SW** *Voiced Sound / 有声音*

［スウ］

ぷち 発音のコツ
おわりのとき「ひょっとこの口」にすると、きれいな音ができる。

● Exercise ●

フォニックサイズ / 発音練習

● 音のつながりをチェック!

S・W ⇒ S・W ⇒ SW ⇒ SW

● CDにあわせて音読しよう!

SW- SW- SW-

How to say it!
身の回りの単語で始めよう

① sw sw **swim**
② sw sw **sweet**
③ sw sw **sweater**
④ sw sw **Swiss**
⑤ sw sw **swing**
⑥ sw sw **switch**

［泳ぐ、甘い、セーター、スイス、揺り動かす、スイッチ］

Spice it up!

swallow（飲み込む）, **swank**（見栄を張る）, **swift**（迅速な）, **swoop**（猛鳥が獲物に襲い掛かる）, **swamp**（泥沼）, **swear**（誓う）

子音ブレンド
GROUP ① S-Blends

Rule 41
CD Track 43

s + m = sm   Voiced Sound 有声音

[スン(ム)]

ぷち 発音のコツ
おしまいに鼻から息を抜かす！

● Exercise ●

フォニックサイズ
発音練習

● 音のつながりをチェック！

s・m ⇒ s・m ⇒ sm ⇒ sm

● CDにあわせて音読しよう！

sm- sm- sm-

How to say it!
身の回りの単語で始めよう

① sm sm **sm**all
② sm sm **sm**oke
③ sm sm **sm**ile
④ sm sm **Sm**ith
⑤ sm sm **sm**ell
⑥ sm sm **sm**art

[小さい、タバコを吸う、微笑む、スミス（苗字）、におう、頭がいい]

Spice it up!

smear（汚す）, **sm**ash（打ち砕く）, **sm**ack（ぴしゃりと打つ）,
smite（強打する）, **sm**uggle（密輸する）,
smooth（なめらかな）

ぷち メモ　smには「ズム」もあります。（例）individuali**sm**（個人主義）、pri**sm**atic（にじ色の）など

Consonant Blends

Rule 42
CD Track 44

s + n = **sn**

[スン(ヌ)]

Voiced Sound
有声音

ぷち 発音のコツ
smと同じく鼻から音が抜ける。

● Exercise ●

フォニックサイズ
発音練習

● 音のつながりをチェック！

s・n ⇒ s・n ⇒ sn ⇒ sn

● CDにあわせて音読しよう！

sn- sn- sn-

S + N の N を強く言うと「スヌ」に近い音になる。

How to say it!
身の回りの単語で始めよう

① sn sn　snow
② sn sn　snack
③ sn sn　sneeze
④ sn sn　snap
⑤ sn sn　snail
⑥ sn sn　snooker

[雪、スナック菓子、くしゃみをする、ポキンと折れる、カタツムリ、スヌーカー]

Spice it up!

snoop (うろうろのぞき回る), snore (いびきをかく), snicker (忍び笑いする), snatch (ひったくる), snip (はさみでチョキチョキきる), snarl (犬などがうなりかかる)

子音ブレンド

GROUP 2 >>>

L-Blends
Lの子音混合グループ

親となる音

l Rule 13

このグループの1字つづり子音

b, c, f, g, p, s

※ 見出しのブレンドは各つづりを強調するために音が強く聞こえることもあります。

Consonant Blends

Rule 43
CD Track 45

c + l = **cl**

[クル]

Voiced Sound 有声音

ぷち 発音のコツ
1音として一気に発音すること。
余分な母音ははさまないで!

● Exercise ●

フォニックサイズ
発音練習

● 音のつながりをチェック!

c・l ⇒ c・l ⇒ cl ⇒ cl

● CDにあわせて音読しよう!

cl- cl- cl-

How to say it!
身の回りの単語で始めよう

① cl cl　class
② cl cl　cloud
③ cl cl　clock
④ cl cl　climb
⑤ cl cl　clean
⑥ cl cl　clothes

[クラス、雲、時計、登る、きれいにする、洋服]

Spice it up!

click（カチッと鳴る）, cling（しがみつく）, climate（気候）, clay（粘土）, clarify（明確にする）, clap（手をたたく）

子音ブレンド
GROUP ② L-Blends

Rule 44
CD Track 46

f + l = fl
[フル]

Voiced Sound
有声音

ぷち 発音のコツ
下唇を噛んだあと、舌先を上前歯の裏へあてる。

● Exercise ●

フォニックサイズ
発音練習

● 音のつながりをチェック！

f・l ⇒ f・l ⇒ fl ⇒ fl

● CDにあわせて音読しよう！

fl- fl- fl-

How to say it!
身の回りの単語で始めよう

① fl fl　　fly
② fl fl　　flower
③ fl fl　　flame
④ fl fl　　flag
⑤ fl fl　　flute
⑥ fl fl　　floor

[飛ぶ、花、炎、旗、フルート、床]

Spice it up!

fluid（液体）, flutist（フルート奏者）, flatter（お世辞を言う）, fluff（せりふをとちる）, flu（インフルエンザ）, inflation（インフレ）

145

Consonant Blends

Rule 45
CD Track 47

p + l = **pl**
［プル］

Voiced Sound
有声音

ぷち 発音のコツ
Pに力を入れすぎると日本語の「ぷぅ」になってしまう。

● **Exercise** ●

フォニックサイズ
発音練習

● 音のつながりをチェック！

p・l ⇒ p・l ⇒ pl ⇒ pl

● CDにあわせて音読しよう！

pl- pl- pl-

How to say it!
身の回りの単語で始めよう

① pl pl　**pl**ay
② pl pl　**pl**ant
③ pl pl　**pl**ane
④ pl pl　**pl**ease
⑤ pl pl　**pl**anet
⑥ pl pl　**pl**ace

［ 遊ぶ、植える、飛行機、お願いします、惑星、場所 ］

Spice it up!

ply（仕事に精を出す）, **plain**（無地の）, **plot**（あらすじ）, **plummet**（価格が急落する）, **plunge**（突入する）, **duplicate**（複製の）

146

子音ブレンド
GROUP ② L-Blends

Rule 46
CD Track 48

$$s + l = \boxed{sl}$$

[スル]

Voiced Sound 有声音

ぷち 発音のコツ
Sは息だけ。音の最初に声はなし!

● Exercise ●

フォニックサイズ
発音練習

● 音のつながりをチェック!

$$s \cdot l \Rightarrow s \cdot l \Rightarrow sl \Rightarrow sl$$

● CDにあわせて音読しよう!

sl- sl- sl-

How to say it!
身の回りの単語で始めよう

① sl sl **sl**ow
② sl sl **sl**eep
③ sl sl **sl**ide
④ sl sl **sl**im
⑤ sl sl **sl**ippers
⑥ sl sl **sl**eeve

[ゆっくり、寝る、滑る、細い、スリッパ、袖]

Spice it up!

slang (俗語), **sl**y (ずるがしこい), **sl**ink (こそこそ歩く), **sl**edgehammer (大ハンマー), **sl**eek (肌がなめらかな), **sl**eepwalker (夢遊病者)

Consonant Blends

Rule 47
CD Track 49

b + l = **bl**
［ブル］

Voiced Sound
有声音

ぷち 発音のコツ
まず先にくちびるを閉じること。

● Exercise ●

フォニックサイズ
発音練習

● 音のつながりをチェック！

b・l ⇒ b・l ⇒ bl ⇒ bl

● CDにあわせて音読しよう！

bl- bl- bl-

How to say it!
身の回りの単語で始めよう

① bl bl　**bl**ack
② bl bl　**bl**ow
③ bl bl　**bl**end
④ bl bl　**bl**ock
⑤ bl bl　**bl**ue
⑥ bl bl　**bl**ouse

[黒い、吹く、混ぜる、ブロック、青い、ブラウス]

Spice it up!

blame（非難する）, **bl**ink（まばたきする）, **bl**anch（漂白する）, **bl**ade（刀）, **bl**emish（欠点）, **bl**ur（ぼやける）

子音ブレンド
GROUP ② L-Blends

Rule 48
CD Track 50

g + l = gl
[グル]

Voiced Sound
有声音

ぷち 発音のコツ
Lの時、舌先で上前歯の裏をはじいて！
Gの影響を受け、低い音になる。

● Exercise ●

フォニックサイズ
発音練習

● 音のつながりをチェック！

g・l ⇒ g・l ⇒ gl ⇒ gl

● CDにあわせて音読しよう！

gl- gl- gl-

How to say it!
身の回りの単語で始めよう

① gl gl　**gl**ove
② gl gl　**gl**ad
③ gl gl　**gl**obe
④ gl gl　**gl**ue
⑤ gl gl　**gl**ory
⑥ gl gl　**gl**ass

[手袋、嬉しい、地球、接着剤、栄光、ガラス]

Spice it up!

glide（すべる）, **gl**are（じっとみつめる）, **gl**ance（ざっと目を通す）, **gl**impse（ちらりとみる）, **gl**ossy（つやつやした）, **gl**assware（ガラス製品）

Consonant Blends

GROUP 3 >>>

R-Blends
Rの子音混合グループ

親となる音
r Rule 14

このグループの1字つづり子音
b, c, d, f, g, p, t

※ 見出しのブレンドは各つづりを強調するために音が強く聞こえることもあります。

＜発音練習のまえに＞

　tr（チュゥル）のようにRブレンド音には小さなゥが入っていますが、これは1字つづりのRと同じく、口をすぼめてゥと発音して下さい。

子音ブレンド
GROUP ③ R-Blends

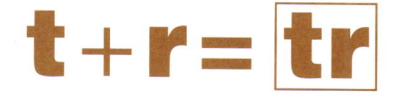

Rule 49
CD Track 51

t + r = tr
[チュゥル]

Voiced Sound
有声音

発音のコツ
TからRへ変わる時、舌を引きながら滑らせる!

● Exercise ●

フォニックサイズ
発音練習

● 音のつながりをチェック!

$$t \cdot r \Rightarrow t \cdot r \Rightarrow tr \Rightarrow tr$$

● CDにあわせて音読しよう!

tr- tr- tr-

How to say it!
身の回りの単語で始めよう

① tr tr　**tr**ee
② tr tr　**tr**io
③ tr tr　**tr**ue
④ tr tr　**tr**ack
⑤ tr tr　**tr**ain
⑥ tr tr　**tr**opical

[木、3人組、真実、競争路、訓練する（動詞）、熱帯の]

Spice it up!

trim（刈る）, **tr**emendous（すごい）, s**tr**aightforward（正直な）, **tr**aipse（ぶらつく：口語）, **tr**anslation（翻訳）, con**tr**ibute（貢献する）

151

Consonant Blends

Rule 50
CD Track 52

c + r = cr
[クゥル]

Voiced Sound 有声音

ぷち 発音のコツ
最初から最後までくちびるは丸め、舌だけで音を操作。

● Exercise ●

フォニックサイズ
発音練習

● 音のつながりをチェック！

c・r ⇒ c・r ⇒ cr ⇒ cr

● CDにあわせて音読しよう！

cr- cr- cr-

How to say it!
身の回りの単語で始めよう

① cr cr　cry
② cr cr　cross
③ cr cr　craft
④ cr cr　crack
⑤ cr cr　crab
⑥ cr cr　crystal

[泣く、横切る、工芸品、ひびが入る、かに、水晶]

Spice it up!

creative（クリエイティブな）, incredible（信じられないほどの）, criminal（犯罪者）, crinkle（しわをよせる）, crisp（食べ物がカリカリの）, criticize（批判する）

子音ブレンド
GROUP ③ R-Blends

Rule 51
CD Track 53

$$f + r = \boxed{fr}$$

[フゥル]

Voiced Sound 有声音

ぷち 発音のコツ
下唇を噛んだあと、いっきに舌を内側へ丸める!

● Exercise ●

フォニックサイズ
発音練習

● 音のつながりをチェック!

$$f \cdot r \Rightarrow f \cdot r \Rightarrow fr \Rightarrow fr$$

● CDにあわせて音読しよう!

fr- fr- fr-

How to say it!
身の回りの単語で始めよう

① fr fr　free
② fr fr　frog
③ fr fr　France
④ fr fr　fruit
⑤ fr fr　frame
⑥ fr fr　fry

[自由な、カエル、フランス、果物、ほね組み、飛ぶ]

Spice it up!

fringe(へり), fragrance(香り), franchise(フランチャイズ),
freight(貨物運賃), frightening(怖い), frontier(国境)

Consonant Blends

Rule 52
CD Track 54

p + r = **pr**
［プゥル］

Voiced Sound
有声音

ぷち 発音のコツ
唇は終始あまり大きく開かない。

● Exercise ●

フォニックサイズ
発音練習

● 音のつながりをチェック!

p・r ⇒ p・r ⇒ pr ⇒ pr

● CDにあわせて音読しよう!

pr- pr- pr-

How to say it!
身の回りの単語で始めよう

① pr pr　**pr**ice
② pr pr　**pr**int
③ pr pr　**pr**esent
④ pr pr　**pr**ize
⑤ pr pr　**pr**ess
⑥ pr pr　**pr**ide

［ 価格、印刷する、現在の、賞品、押す、プライド ］

Spice it up!

prime（主要の）, **pr**ecious（大切な）, **pr**ofessional（プロの）,
Ca**pr**icorn（ヤギ座）, **pr**oductivity（生産性）, **pr**actical（実用的な）

子音ブレンド
GROUP ③ R-Blends

Rule 53
CD Track 55

$b + r = \boxed{br}$
［ブゥル］

Voiced Sound
有声音

ぷち 発音のコツ
最初に音を破裂させる。

● Exercise ●

フォニックサイズ
発音練習

● 音のつながりをチェック！

b・r ⇒ b・r ⇒ br ⇒ br

● CDにあわせて音読しよう！

br- br- br-

How to say it!
身の回りの単語で始めよう

① br br **br**own
② br br **br**ing
③ br br **br**ead
④ br br **br**anch
⑤ br br a**br**oad
⑥ br br **br**other

［ 茶色、連れてくる、パン、支店、海外へ、弟 ］

Spice it up!

brainstorm（名案）, **brave**（勇敢な）, **breath**taking（息を呑むほどの）,
bright（輝く）, **browse**（ざっと目を通す）, **brush**（ブラシをかける）

155

Consonant Blends

Rule 54
CD Track 56

d + r = dr
［デュゥル］

Voiced Sound 有声音

ぷち 発音のコツ
くちびるを丸めRの時いっきに舌を引く!

● **Exercise** ●

フォニックサイズ
発音練習

● 音のつながりをチェック!

d・r ⇒ d・r ⇒ dr ⇒ dr

● CDにあわせて音読しよう!

dr- dr- dr-

How to say it!
身の回りの単語で始めよう

① dr dr **dr**ive
② dr dr **dr**op
③ dr dr **dr**eam
④ dr dr **dr**aw
⑤ dr dr **dr**y
⑥ dr dr **dr**ess

[運転する、落ちる、夢、描く、乾く、ドレス]

Spice it up!

drill（訓練する）, **dr**aft（草案）, **dr**eadful（恐ろしい）, **dr**enched（びしょぬれの）, **dr**ape（布を掛ける）, **dr**amatic（劇的な）

子音ブレンド
GROUP ③ R-Blends

Rule 55
CD Track 57

g + r = gr
[グゥル]

Voiced Sound
有声音

ぷち 発音のコツ
Gのとき、おなかに力が入っていますか?

● **Exercise** ●

フォニックサイズ
発音練習

● 音のつながりをチェック!

g・r ⇒ g・r ⇒ gr ⇒ gr

● CDにあわせて音読しよう!

gr- gr- gr-

How to say it!
身の回りの単語で始めよう

① gr gr   **green**
② gr gr   **grapes**
③ gr gr   **grow**
④ gr gr   **great**
⑤ gr gr   **gray**
⑥ gr gr   **grip**

[みどり色、ぶどう、育つ、すごい、灰色、しっかり握る]

Spice it up!

gracious(丁重な), **congress**(米国議会), **graduation**(卒業), **grumpy**(不機嫌な), **gross**(全体の), **grease**(油を塗る)

157

Consonant Blends

GROUP 4 >>>

3-LETTER Blends
3文字つづりの子音混合グループ

| 親となる音 | sp Rule 37 | tr Rule 49 |
| | 息のth Rule 29 | cr Rule 50 |

※ 見出しのブレンドは各つづりを強調するために音が強く聞こえることもあります。

<発音練習のまえに>

　ここでは3文字つづりの発音練習をします。あたまの2文字（ダイアグラフまたはブレンド群）にもう1子音がくっついたと考えましょう。なお、これを公式に当てはめるなら2+1=3文字となりますね。なお、つづりの数に関係なく3文字であっても必ず1音として発音をしてください。このグループは文字数がもともと多いため、やや難易度の高い単語が登場しますが、時間をかけてじっくりと練習を積んでいきましょう！

子音ブレンド

GROUP ④ 3-LETTER Blends

Rule 56
CD Track 58

sp + l = spl
［スプル］

Voiced Sound
有声音

ぷち 発音のコツ
Lを強く言うときれいな音になる！

● Exercise ●

フォニックサイズ
発音練習

● 音のつながりをチェック！

sp・l ⇒ sp・l ⇒ spl ⇒ spl

● CDにあわせて音読しよう！

spl- spl- spl-

How to say it!
身の回りの単語で始めよう

① spl spl　**spl**inter　③ spl spl　**spl**it
② spl spl　**spl**endid　④ spl spl　**spl**ash

[ガラスなどの破片、すばらしい、分配する、水がはね上がる]

159

Consonant Blends

Rule 57
CD Track 59

sp + r = spr   Voiced Sound 有声音

[スプゥル]

> ぷち 発音のコツ
> こちらも同様にRを強く言う。

● Exercise ●

フォニックサイズ
発音練習

● 音のつながりをチェック！

sp・r ⇒ sp・r ⇒ spr ⇒ spr

● CDにあわせて音読しよう！

spr- spr- spr-

How to say it!
身の回りの単語で始めよう

① spr spr **spr**ing
② spr spr **spr**out
③ spr spr **spr**ay
④ spr spr **spr**ead

[春、吹き出す、しぶき、広がる]

子音ブレンド
GROUP ④ 3-LETTER Blends

Rule 58
CD Track 60

th + r = thr

[スゥル]

Voiced Sound
有声音

ぷち 発音のコツ
息のthは、まず両前歯で舌先をはさむ。いっきに舌を引いて舌を丸める。

● **Exercise** ●

フォニックサイズ
発音練習

● 音のつながりをチェック！

th・r ⇒ th・r ⇒ thr ⇒ thr

● CDにあわせて音読しよう！

thr- thr- thr-

How to say it!
身の回りの単語で始めよう

① thr thr　**thr**oat
② thr thr　**thr**illing
③ thr thr　**thr**ee
④ thr thr　**thr**ow

[のど、ワクワクさせる、3、投げる]

161

Consonant Blends

Rule 59
CD Track 61

s + tr = **str**
［スチュゥル］

Voiced Sound
有声音

ぷち 発音のコツ
TからRへ変わる時、舌を内側へ滑らせる

● **Exercise** ●

フォニックサイズ
発音練習

● 音のつながりをチェック!

s・tr ⇒ s・tr ⇒ str ⇒ str

● CDにあわせて音読しよう!

str- str- str-

How to say it!
身の回りの単語で始めよう

① str str **strong**   ③ str str **straight**
② str str **stri**ng   ④ str str **str**eet

[強い、ひも、まっすぐに、道]

子音ブレンド
GROUP ④ 3-LETTER Blends

Rule 60
CD Track 62

s + cr = scr   Voiced Sound 有声音

［スクゥル］

ぷち 発音のコツ
唇はすぼめたままほとんど動かない。

● **Exercise** ●

フォニックサイズ
発音練習

● 音のつながりをチェック！

s・cr ⇒ s・cr ⇒ scr ⇒ scr

● CDにあわせて音読しよう！

scr- scr- scr-

How to say it!
身の回りの単語で始めよう

① scr scr　screen
② scr scr　scream
③ scr scr　screw
④ scr scr　scrub

[画面、叫ぶ、ねじくぎ、ごしごし磨く]

Consonant Blends

テーマ別に学ぶ　料理の動詞

キッチンで使う動詞を集めました。
日常会話で頻繁につかう単語ばかりです。

動詞	意味	フォニックスルール
chop	切る	ch
crush	（にんにくなどを）つぶす	cr, sh
drain	水切りをする	dr
grate	おろし金ですりおろす	gr
mash	すりつぶす	sh
skewer	くしに刺す	sk
slice	（ハムなどを）うすく切る	sl
snip	（セロリなどを）はさみで切る	sn
spread	（ジャムなどを）塗る	spr
sprinkle	（塩やこしょうなどを）ふりかける	spr
squeeze	（果物などを）しぼる	squ
strain	こす	str
whisk	泡立てる	wh, sk

子音ブレンド

テーマ別に学ぶ　くだもの

果物のみならず、数えられるものを一般的に述べるとき、複数形にするのが普通です。
（「ひとつ」を伝える場合は、aまたはanをつけます）
さあ、果物の名前とフォニックスのつながりをしっかりと学習しましょう。

動詞	意味	フォニックスルール
a**pr**icots	アプリコット	**pr**
bla**ck**berries	ブラックベリー	**bl, ck**
blueberries	ブルーベリー	**bl**
cherries	さくらんぼ	**ch**
cranberries	クランベリー	**cr**
grape**fr**uit	グレープフルーツ	**gr, fr**
grapes	ぶどう	**gr**
ly**ch**ee	ライチ	**ch**
passion **fr**uit	パッションフルーツ	**fr**
pea**ch**es	桃	**ch**
plums	プラム	**pl**
strawberries	イチゴ	**str**

165

Consonant Blends

テーマ別に学ぶ　オフィス

あなたの会社にもある文房具、備品などを集めました。

動詞	意味	フォニックスルール
briefcase	ブリーフケース	**br**
chair	椅子	**ch**
correction **fl**uid	修正液	**fl**
de**sk**top computer	デスクトップPC	**sk**
overhead **pr**ojector	プロジェクター	**pr**
photocopier	コピー機	**ph** = f
pie **ch**art	円グラフ	**ch**
printer	プリンター	**pr**
scanner	スキャナー	**sc**
screen	PCのモニター	**scr**
transparency	ロジェクター用の透明原稿	**tr**
wastepaper ba**sk**et	ゴミ箱	**sk**
whiteboard	ホワイトボード	**wh**

Chapter 5

::: **Vowel Pairs** 1

| 母音ペア 1 |

ai ay
ie
ue ui
ea ee
oa ow

Vowel Pairs 1

最初の母音をアルファベット読みし、次は読まない母音ペア

　子音と母音にはさまざまなつづりと発音のグループがあることがわかりましたが、さてここからは2文字の母音からなるフォニックスを学びます。母音 **aeiuo** にはそれぞれアルファベット読みとフォニックス読みがあることをすでに学びましたが、このチャプターでは、**最初の母音はアルファベット読みし、後ろの母音は読まない**というルールを学習します。では早速、**bean**（豆）という単語を使って母音のペア構成を確認したいと思います。

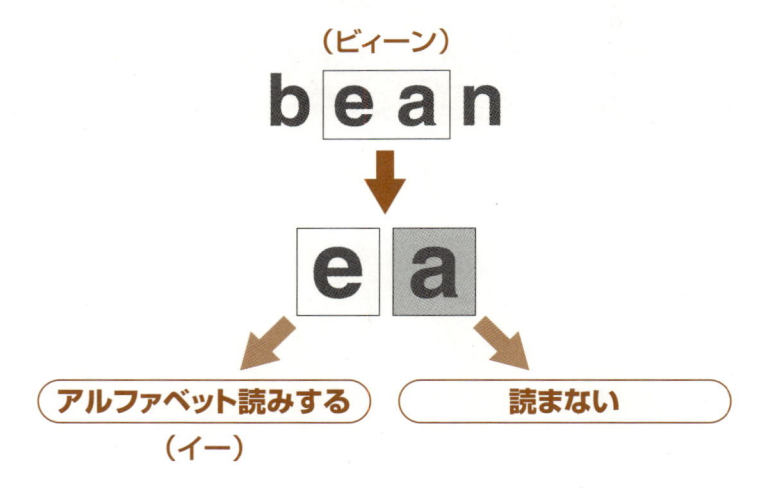

（ビィーン）
b**e a**n

↓

e a

↓ ↓
アルファベット読みする　　読まない
（イー）

　となり合う **e** と **a** のうち、発音するのは **e**（イー）だけであり、つぎの母音は読まれません。おそらく読者の方はすでにこの単語のつづりをご存知でしょうから、文字の並びに別段疑問を抱かなかったと想像しますが、実は **bean** が「ビイアン」などとならないのはこのルールが適用されているからです。こうして考えてみると、自分たちが気づかないところでさまざまなフォニックスルールが用いられているのがわかります。このルールは、発音それ自体の学習に加えて、リーディング学習においても役立つといえます。この本では簡単な単語を用いていますが、難易度の高い単語にもたくさん適用されています。

母音ペア **1**

Rule 61
CD Track 63

つづり	発音	アルファベット読み	例
ai	エィ	**A**	**rain**（雨）

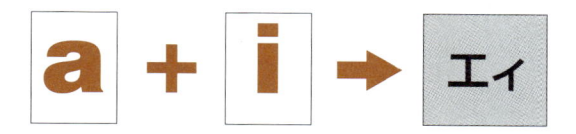

that's it!
発音のナゾを解く

a + **i** → **エィ**

ai は A の長音（アルファベット読み）になる

「アイ」と発音してしまいがちですが、正しくは「エィ」です。

aid	手伝う	**gain**	努力して得る
aim	目的	**grain**	穀物
bait	えさ	**main**	主要な
chain	鎖	**sail**	航海する
domain	領域	**stain**	しみ
faint	かすかな	**train**	養成する（動詞）

Tongue Twister 早口ことば

We took a train in the rain again!

（雨の中、私達はまた電車に乗った！）

Vowel Pairs 1

Rule 62　CD Track 64

つづり	発音	アルファベット読み	例
ay	エィ	A	day（日）

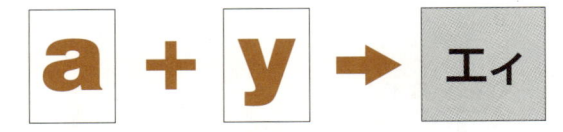

that's it! 発音のナゾを解く

a + y → エィ

ay は A の長音（アルファベット読み）になる

こちらも同様に「エィ」です。

d<u>ay</u>	日	rel<u>ay</u>	中継ぎする
del<u>ay</u>	遅れる	s<u>ay</u>	言う
gr<u>ay</u>	灰色	st<u>ay</u>	滞在する
l<u>ay</u>	横たえる	str<u>ay</u>	宿無しの
M<u>ay</u>	5月	tr<u>ay</u>	盆、トレー
p<u>ay</u>	支払う	w<u>ay</u>	方法
pr<u>ay</u>	祈る		

Tongue Twister 早口ことば

R<u>ay</u> is having fun on a fine d<u>ay</u> in M<u>ay</u>.

（レイは5月の晴れの日に楽しんでいる）

母音ペア **1**

Rule 63
CD Track 65

つづり	発音	アルファベット読み	例
1 ie	アィ	I	tie（ネクタイ）
2 ie	イー	E	berries（ベリー）

that's it! 発音のナゾを解く

i + e → アィ / イー

ie は I と E の長音（アルファベット読み）となる

このつづりには、「Eのアルファベット読み」になるというルールもありますので、あわせて覚えておきましょう。

1「アィ」音 (long - i sound) **tie**（ネクタイ）

2「イー」音 (long - e sound) **berries**（ベリー）

long - i sound〈アルファベット読み〉

cries	cry（泣く）の三単元
tie	ネクタイ
pie	パイ
lie	横たわる
flies	fly（飛ぶ）の三単元
tried	try（試す）の過去形
fried	fry（揚げる）の過去形

long - e sound〈アルファベット読み〉

chief	（組織やグループの）長
piece	個
field	分野
believe	信じる
cities	city（市）の複数形
thief	どろぼう
shield	保護する

Tongue Twister 早口ことば

Jack is having a piece of pie in the field!

（ジャックが原っぱでパイを食べている）

Vowel Pairs 1

Rule 64 CD Track 66

つづり	発音	アルファベット読み	例
ue	ユー or ウー	U	blue（青い）

※ CDには「ユー」だけ収録されています。

that's it! 発音のナゾを解く

u + e → ユー or ウー

ue は U の長音（アルファベット読み）になる

Uのアルファベット読みですので、このまま覚えてしまいましょう。

- bl**ue** 青い
- d**ue**l 決闘
- S**ue** スー（女性の名前）
- gl**ue** 接着剤
- tr**ue** 真実

マメ知識
rとlのあとではたいてい「ウー」と発音します。true（真実）、blue（青い）、clue（ヒント）など

Tongue Twister 早口ことば

S**ue** wears a dark bl**ue** jacket.

（スーは濃い青のジャケットを着ている）

母音ペア **1**

Rule 65
CD Track 67

つづり	発音	アルファベット読み	例
ui	ユー or ウー	U	suit（スーツ）

※ CDには「ユー」だけ収録されています。

that's it!
発音のナゾを解く

u + **i** → ユー or ウー

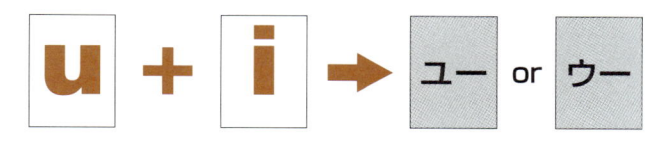

ui は U の長音（アルファベット読み）になる

s**ui**t	スーツ	fr**ui**t	果物
n**ui**sance	迷惑	br**ui**se	打撲傷
s**ui**table	ふさわしい	j**ui**ce	ジュース
cr**ui**se	巡航する		

Tongue Twister 早口ことば

I'm having some fr**ui**t on a big cr**ui**ser.

（クルーザーで果物を食べています）

173

Vowel Pairs 1

Rule 66
CD Track 68

つづり	発音	アルファベット読み	例
ea	イー	E	read（読む）

that's it! 発音のナゾを解く

e + a → イー

ea は E の長音（アルファベット読み）になる

b**ea**ch	ビーチ	r**ea**d	読む
b**ea**k	くちばし	s**ea**t	席
f**ea**st	ごちそう	t**ea**	紅茶
m**ea**t	肉		

Tongue Twister 早口ことば

They're having t**ea** and r**ea**ding on the b**ea**ch.

（彼らはビーチでお茶を飲みながら読書している）

（注）ただし、read（読むの過去形）、heavy（重い）、dread（恐れる）、bread（パン）のように e「エ」と読むこともあります。

母音ペア **1**

Rule 67
CD Track 69

つづり	発音	アルファベット読み	例
ee	イー	**E**	**free**（自由な）

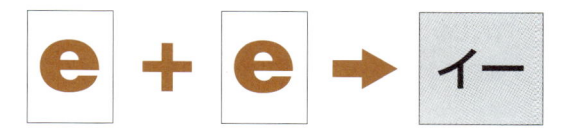

that's it! 発音のナゾを解く

e + **e** ➡ イー

ee は E の長音（アルファベット読み）になる

ほぼ例外なく「イー」とアルファベット読みするのが特徴です。

- fr**ee** 自由な
- gr**ee**n みどり
- j**ee**p ジープ
- n**ee**d 必要である

- s**ee**k 捜す
- k**ee**per 番人
- w**ee**k 週

Tongue Twister 早口ことば

B**ee**s are flying over the tr**ee**s.

（ハチが木々の上を飛んでいる）

175

Vowel Pairs 1

Rule 68 / CD Track 70

つづり	発音	アルファベット読み	例
oa	オゥ	**o**	**boat**（ボート）

that's it! 発音のナゾを解く

o + **a** → **オゥ**

oa は o の長音（アルファベット読み）になる

b**oa**t	ボート	l**oa**n	ローン
c**oa**st	海岸	r**oa**d	道
c**oa**t	コート	thr**oa**t	のど
g**oa**t	やぎ		

Tongue Twister 早口ことば

This r**oa**d leads towards the c**oa**st.

（この道は海岸へつながっている）

母音ペア 1

Rule 69
CD Track 71

つづり	発音	アルファベット読み	例
ow	オゥ	o	grow（育つ）

that's it!
発音のナゾを解く

o + w → オゥ

ow は o の長音（アルファベット読み）になる

このつづりもルールに入れてありますが、cowやhowをみてわかる通り、「アゥ」と読むものがありますので、このつづりにはルールが2つあると考えてよいでしょう。ひとつは「オゥ」そしてもうひとつは「アゥ」。なお「アゥ」は Rule 71 に出てきます。

gr**ow** 育つ
l**ow** 低い
shad**ow** 影
sl**ow** ゆっくりと

sn**ow** 雪
thr**ow** 投げる
wind**ow** 窓

Tongue Twister 早口ことば

We can see sn**ow** falling through the wind**ow**.

（窓から雪が降っているのが見えるよ）

Vowel Pairs 1

英語のmentor（恩師）はいますか？

学生時代にお世話になったわたしの先生は、とにかく発音のまちがいを直すかたでした。いちいちうるさいなぁ、などと今思えば失礼な事を考えていた時期もありましたが、その先生のきびしい教えがあったからこそ今の自分があるのだと思います。独学はときにみなさんにスランプや試練を与えるかもしれません。そういったときの救いの存在はMentor（メンター。心の恩師）です。メンターは身近な人でなくてもよいのです。NHKラジオの講師、著者、また英会話学校の先生など…（彼氏が外国人なら、その人だってもちろんよいのです！！）彼らはみなさんの英語学習の強い味方となるでしょう。メンターを目標に勉強をこれからも続けていきましょう。さて、あなたの目標となるメンターはだれですか？

Chapter 6

::: *Vowel Pairs* 2

母音ペア 2

oi oy ou ow
ei ew oo(1) oo(2)
au aw

Vowel Pairs 2

新しい音をつくる母音ペア

　Vowel Pairs 1 は、最初の母音だけをアルファベット読みするというルールでしたが、ここでは**2つの母音が結びつき新しい音を作る**ルールについて学習します。ではまず、**母音ペア**1 と 2 の違いを示した図を見てください。

<rain と coin のフォニックス発音>

Vowel Pairs 1 のルール

rain

最初の母音aのみを
アルファベット読みする

Vowel Pairs 2 のルール

coin

o + i = oi = [オィ]
新しい音として読む

　なお oi の発音のコツは、ゆっくりと口を動かしながら**1つ目の母音を強く、そして次の母音を弱めに**言うこと。では本章に入る前にちょっと練習をしておきましょう。発音のルールに従い▼の部分にアクセントをおき、次の短い文章を読んでください。

an American boy

アナメリカン　　強く[オ]　弱く[ィ]

oy のルール
① 「オ」を強く
② 「ィ」を弱めに
③ 「オィ」とゆっくり発音してみます。

音読するとわかりますが、深みのあるたいへん英語らしい音になります。

180

母音ペア 2

Rule 70 oi & oy
CD Track 72
[オィ]

Voiced Sound 有声音

発音のコツ

唇を丸め「オ」と強く言ったあと、弱い「ィ」を添えて。「オ」のとき、**のど奥の深いところから音を出します**。縦に口を丸めるので、あごが疲れますが慣れるまでは我慢してください。

● **Exercise** ●

フォニックサイズ
発音練習

● 基礎の音をCDと一緒にエクササイズ

oi・oi・oi / oy・oy・oy

● CDの後についてリピーティング

oi- oi- oi- oy- oy- oy-

How to say it!
身の回りの単語で始めよう

① oi oi　　oil
② oi oi　　boil
③ oi oi　　coin
④ oy oy　　boy
⑤ oy oy　　toy
⑥ oy oy　　enjoy

[油、ゆでる、硬貨、少年、おもちゃ、楽しむ]

Vowel Pairs 2

let's talk about it!
ダイアログでフォニックサイズ

Dialogue 1 [OI]

A : Wow. Cool car!
B : Thank you. It's a new BMW model.
A : You made a great **choice**!

Dialogue 2 [OY]

A : **Oysters** are in season in Japan.
B : Really? I want to try them!
A : Sure. How about tonight?

> ぷち 発音のコツ
> **oi, oy** = 甥
> 「オ」を強く言うのがコツ!

Dialogue 1
A：まあ。すてきな車ね!
B：ありがとう。BMWの新型モデルだよ。
A：いい選択をしたじゃない!

Dialogue 2
A：日本で牡蠣は旬のたべものです。
B：本当?食べてみたいな!
A：もちろん。今晩なんかどう?

Tongue Twister 早口ことば

The b<u>oy</u> enj<u>oy</u>s collecting c<u>oi</u>ns.

(その少年はコイン収集を楽しむ)

母音ペア 2

Rule 71　ou & ow
CD Track 73
[アゥ]
Voiced Sound 有声音

発音のコツ

口を縦に開き「ア」と強く言ったあと、ゥを小さく添えて「アゥ」。「ア」のときに口を大きく開け、空気を噛むイメージで。

●Exercise●

フォニックサイズ
発音練習

● 基礎の音をCDと一緒にエクササイズ

ou・ou・ou / ow・ow・ow

● CDの後についてリピーティング

ou- ou- ou- ow- ow- ow-

How to say it!
身の回りの単語で始めよう

① ou ou　cloud
② ou ou　round
③ ou ou　about
④ ow ow　owl
⑤ ow ow　down
⑥ ow ow　now

[雲、丸い、〜について、フクロウ、下方へ、今]

Vowel Pairs 2

let's talk about it!
ダイアログでフォニックサイズ

Dialogue 1 [OU]

A : Our neighbors are so **loud**.

B : That's terrible.

A : They sing and dance all night long!!

> ぷち 発音のコツ
> **ou, ow** = 会う

Dialogue 2 [OW]

A : Can I use a flash with my camera here?

B : No, it is not **allowed** in this museum.

A : I see.

Dialogue 1
A：近所がとてもうるさくて。
B：お気の毒に。
A：一晩中唄ったり踊ったりしてるんですよ!!

Dialogue 2
A：ここでカメラのフラッシュを使ってもいいですか？
B：いいえ、この美術館では認められていません。
A：わかりました。

Tongue Twister 早口ことば

Eric wants a big h<u>ou</u>se d<u>ow</u>nt<u>ow</u>n.

（エリックは都心に大きな家が欲しい）

まだまだある ou の音

ou にはさらに他の音があります。このように1つづりに対し1音ではないところが英語の難しさとも言えますが、知識をストックしておくことはいざというときの瞬発力を発揮する際に大いに役立ちます。とはいえ、がちがちに緊張して学ぶ必要はありません。こんな読み方もあるのかーとリラックスしながら覚えましょう。

★ **ou as in sh<u>ou</u>lder** ⇒「オゥ」
though（〜だけれども）、boulder（丸石）

★ **ou as in t<u>ou</u>gh** ⇒「ア」
rough（ざらざらした）、country（国）

★ **ou as in sh<u>ou</u>ld** ⇒「弱いゥ」
could（canの過去形）、would（willの過去形）

Vowel Pairs 2

Rule 72
CD Track 74

ew
[ウー]または[ユー]

Voiced Sound 有声音

発音のコツ

くちびるを丸く突きだし「ウー」と言います。くぐもった音になるのが特徴です。

※ CDには「ウー」が収録されていますが、単語の中ではewは「ウー」または「ユー」と発音されます。

● Exercise ●

フォニックサイズ
発音練習

● 基礎の音をCDと一緒にエクササイズ

ew・ew・ew

● CDの後についてリピーティング

ew- ew- ew-

How to say it!
身の回りの単語で始めよう

① ew ew　news
② ew ew　few
③ ew ew　nephew
④ ew ew　knew
⑤ ew ew　view
⑥ ew ew　stew

[ニュース、いくらか、いとこ、知った（knowの過去形）、景色、シチュー]

母音ペア 2

let's talk about it!
ダイアログでフォニックサイズ

Dialogue [EW]

A : my n**eph**ew applied for the teaching position.
B : Really? I will keep my fingers crossed for him.
A : Thanks. I will pass on your message!

A：わたしのいとこが教職の仕事に申し込みをしたの。
B：本当?上手くいくよう祈ってるわ。
A：ありがとう。彼にメッセージを伝えておくね。

Tongue Twister 早口ことば

A f**ew** n**ew** cabin cr**ew** joined us this year.

（今年、数名のスチュワーデスが入社した）

Vowel Pairs 2

Rule 73
CD Track 75

ei
[エィ]

Voiced Sound
有声音

発音のコツ

口はしを横に引き「エ」と言ったあと、弱い「ィ」を添えます。それぞれの母音をバラバラに発音しないよう注意しましょう。

● Exercise ●

フォニックサイズ
発音練習

● 基礎の音をCDと一緒にエクササイズ

ei・ei・ei

● CDの後についてリピーティング

ei- ei- ei-

How to say it!
身の回りの単語で始めよう

① ei ei　eight
② ei ei　veil
③ ei ei　neighbor
④ ei ei　weight
⑤ ei ei　sleigh
⑥ ei ei　reindeer

[8、ヴェール、近所、重さ、そり、鹿]

let's talk about it!
ダイアログでフォニックサイズ

Dialogue [EI]

A : Could you **weigh** this parcel?
B : Sure. It's 1.25kg.
A : Thank you.

> ぷち 発音のコツ
> **EI (ei)** = 英
> エを強く!

A : この小包の重さを量っていただけますか？
B : もちろん。1.25キロです。
A : ありがとうございます。

Tongue Twister 早口ことば

The big box w**ei**ghed **ei**ght kilos.

（その大きな箱の重さは8キロだ）

Vowel Pairs 2

Rule 74
CD Track 76

短い **oo**
[ウ]

Voiced Sound
有声音

発音のコツ

くちびるを丸めて**口笛のかたち**を作り、のどの奥から弱く「ウ」。母音を伸ばさず**短く音を切る**のがポイントです。

● Exercise ●

フォニックサイズ
発音練習

● 基礎の音をCDと一緒にエクササイズ

oo・oo・oo

● CDの後についてリピーティング

oo- oo- oo-

How to say it!
身の回りの単語で始めよう

① oo oo   b**oo**k
② oo oo   w**oo**d
③ oo oo   l**oo**k
④ oo oo   f**oo**tball
⑤ oo oo   h**oo**d
⑥ oo oo   st**oo**d

[本、木材、見る、フットボール（イギリス英語ではサッカー）、フード、立った（standの過去形）]

190

let's talk about it!
ダイアログでフォニックサイズ

Dialogue [OO]

A : What is your sweater made of?
B : Wool. I knitted it myself.
A : Great job!

A : あなたのセーターなにでできてるの?
B : ウールよ。自分で編んだの。
A : 上手だね!

ぷち 発音のコツ
短いOOは音を伸ばさずに「ウ」

Book

一気に弱く「ウ」

Tongue Twister 早口ことば

Rick took a cooking book from the bookshelf.

（リックは本箱から料理の本を取った）

Vowel Pairs 2

Rule 75
CD Track 77

長い oo ［ウー］

Voiced Sound 有声音

■ 発音のコツ

短い oo 同様に、口笛の格好から「ウー」と音を伸ばします。「ウー」と言いながら、弓なりに音がフェイドアウトするイメージで。

● Exercise ●

フォニックサイズ
発音練習

● 基礎の音をCDと一緒にエクササイズ

oo・oo・oo

ぷち メモ
なお、blood（血）やfloor（床）などの例外もあります。

● CDの後についてリピーティング

oo- oo- oo-

How to say it!
身の回りの単語で始めよう

① oo oo   moon
② oo oo   pool
③ oo oo   school
④ oo oo   spoon
⑤ oo oo   tooth
⑥ oo oo   boots

［月、プール、学校、スプーン、歯、ブーツ］

母音ペア 2

let's talk about it!
ダイアログでフォニックサイズ

Dialogue [OO]

A : Do you remember the name of Harry Potter's br**oo**mstick?

B : Nimbus 2000, right?

A : Yeah, that's it!

ぷち メモ
同じつづりでも伸ばす音(oo)と短い音(oo)があることがわかりましたね！

A：ハリーポッターのほうきの名前なんだか覚えてる？
B：Nimbus 2000だよね？
A：ああ、それよそれ！

moon

弓なりに音が降下するイメージで

Meg will get home from sch**oo**l in the aftern**oo**n.

（メグは午後に学校から帰ってくる）

Vowel Pairs ❷

Rule 76
CD Track 78
au & aw
[オー]
Voiced Sound 有声音

■ 発音のコツ

「オー」と「アー」の中間の音。口いっぱいに声が広がるイメージでのど奥から声を出すのがポイントです。

● **Exercise** ●

フォニックサイズ
発音練習

● 基礎の音をCDと一緒にエクササイズ

au・au・au / aw・aw・aw

● CDの後についてリピーティング

au- au- au- aw- aw- aw-

How to say it!
身の回りの単語で始めよう

① au au **August**
② au au **autumn**
③ au au **sauce**
④ aw aw **saw**
⑤ aw aw **law**
⑥ aw aw **straw**

[8月、秋、ソース、見た（seeの過去形）、法律、ストロー]

let's talk about it!
ダイアログでフォニックサイズ

Dialogue 1 [AU]

A : Jack launched a new internet shop.
B : When?
A : Just a month ago or so.

> **ぷち 発音のコツ**
> 「オー」と「アー」の中間の
> イメージで発音しよう。

Dialogue 2 [AW]

A : You look awful.
B : Do I? I was pub-crawling last night.
A : Not again!!

Dialogue 1
A : ジャックが新しいネットショップを立ち上げたの。
B : いつ？
A : 一ヶ月ぐらい前。

Dialogue 2
A : 具合悪そうね。
B : ほんと？昨日の夜飲み屋のはしごをしたんだ。
A : またですか!!

Tongue Twister 早口ことば

Dad taught me how to use the lawn mower.

（父がその芝刈り機の使い方を教えてくれた）

Chapter 7

R-Controlled Vowels

Rの付いた母音

ar or er ur ir
ear air are

R-Controlled Vowels

Rのついた母音

　このチャプターでは、日本人が比較的苦手とする R を含む母音の発音を学びます。さて、チャプタータイトルの R-Controlled Vowels は、その名のとおり **R にコントロールを受ける母音**のこと。言い換えれば、母音に R が加わることで、音全体に R 音のギアがかかり、本来の母音とは一味もふた味も違う音に変わる―というルール。なお R-Controlled Vowels で使われる母音は、本来の音が残るもの、またはまったく違う音に変化してしまうものなど多様です。

　さて、学生時代に "car を発音するときは「アー」と言いながら巻き舌にしなさい" と習いましたが、そもそも巻き舌をどうやって作っていいのかわからず、「まあいいや」などと R の音をぞんざいにしてしまった人もいるでしょう。しかしながら、この「母音 ＋ 巻き舌 R 」こそ、実は英語らしい音のひとつであり、R の巻き舌を克服することで、みなさんの英語は飛躍的に「英語らしい」ものへと生まれ変わります。

　なお、R-Controlled にはいくかのパターンがありますが、そのどれもが1字つづりの R 音に基づいているため、全体的にあいまいな、どちらかというとくぐもった音に聞こえます。母音と R の関係を舞台に喩えるなら、**母音が主役で R はその主役（母音）を支える名脇役**と言えましょう。英語らしい音の神髄ともいえる R-Controlled。これらの音がきちんと作れるようになれば、向かう先敵なしです！

※ 1字つづりのR音（P55）にもう一度目を通しておくこと。

Rの付いた母音

R-Controlled Vowelsの図（car くるま）

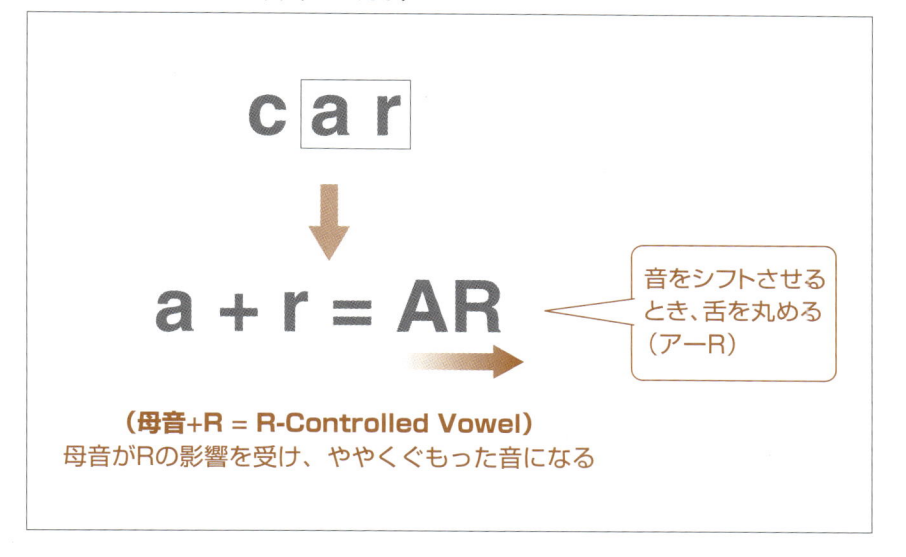

c a r

↓

a + r = AR

音をシフトさせるとき、舌を丸める（アーR）

（母音+R = R-Controlled Vowel）
母音がRの影響を受け、ややくぐもった音になる

R-Controlled Vowels

Rule 77
CD Track 79

ar
[アR]

Voiced Sound 有声音

発音のツボ

口を縦に大きく広げて「アー」と言いながら、舌先を内側に丸めていきます。あごは動かさずに舌の動きだけでRの音へと変化させていきます。

(注)「□＋R」は、あごをあまり動かさずに、1文字つづりRの要領で舌先を内側に丸めていきます。

● Exercise ●

フォニックサイズ　発音練習

● 基礎の音をCDと一緒にエクササイズ

ar・ar・ar

● CDの後についてリピーティング

ar- ar- ar-

Rの付いた母音

How to say it!
身の回りの単語で始めよう

① ar ar　arm
② ar ar　far
③ ar ar　park
④ ar ar　car
⑤ ar ar　part
⑥ ar ar　star

[腕、遠い、公園、車、部分、星]

Read aloud!
声に出してみよう

farm　（農場）

dark　（暗い）

large　（広い）

market　（市場）

Tongue Twister 早口ことば

Carmen has a brand new car!

（カルメンは新品の車を持っている）

R-Controlled Vowels

Rule 78
CD Track 80

or & ore
[オR]

Voiced Sound 有声音

発音のツボ

口をすぼめ気味にすると、うまく発音ができます。「オー」と言いながら舌先を丸めていきましょう。

● Exercise ●

フォニックサイズ **発音練習**

● 基礎の音をCDと一緒にエクササイズ

or・or・or・ore・ore・ore

● CDの後についてリピーティング

or- or- or- / ore- ore-ore-

How to say it!
身の回りの単語で始めよう

① or or　short　　② or or　fork

Rの付いた母音

③ or or   n**or**th
④ **ore** **ore**   m**ore**
⑤ **ore** **ore**   sh**ore**
⑥ **ore** **ore**   sc**ore**

[短い、フォーク、北、より多い、岸、得点する]

Read aloud!
声に出してみよう

airp**or**t （空港）
imp**or**tant （重要な）
st**or**m （嵐）

c**ore** （りんごや梨など種を持つ）芯
f**ore**tell （予言する）
ign**ore** （無視する）

Tongue Twister 早口ことば

Ellen perf**or**ms ballet with **or**chestra music.

（エレンはオーケストラの音楽にあわせてバレエを踊る）

R-Controlled Vowels

Rule 79　er & ir & ur　Voiced Sound 有声音
CD Track 81
[アR]

■■ 発音のツボ

アとウを足して割ったようなくぐもったはっきりとしない音。口を少しだけ開け、舌先を内側へ丸めながら「アR」。口が大きく開かないように口はしに力を込めて発音すること。

●Exercise●

フォニックサイズ　発音練習

● 基礎の音をCDと一緒にエクササイズ

er・er・ir・ir・ur・ur

● CDの後についてリピーティング

er- er- ir- ir- ur- ur-

> ぷち メモ
> この3つは特に日本人の苦手な音なので、しっかりと音読練習を行おう!

Rの付いた母音

How to say it!
身の回りの単語で始めよう

① er er　**h**er**s**
② er er　**t**er**m**
③ ir ir　**g**ir**l**
④ ir ir　**th**ir**d**
⑤ ur ur　**ch**ur**ch**
⑥ ur ur　**ret**ur**n**

[彼女のもの、期間、少女、3番目、教会、戻る]

Read aloud!
声に出してみよう

p**er**m	（パーマ）	th**ir**sty	（のどが渇く）
g**er**m	（病原菌）	f**ur**	（毛皮）
n**er**vous	（緊張した）	Th**ur**sday	（木曜日）
c**ir**cle	（丸）	h**ur**t	（傷つく）
wh**ir**l	（くるくる回る）		

concert は動詞の時はルール79の音ですが、今回のように名詞で使われる場合は、音がやや短かめになります。

Tongue Twister　早口ことば

I saw the gir**l at the conc**er**t on Th**ur**sday.**

（わたしはあの子を木曜日のコンサート会場で見かけた）

R-Controlled Vowels

Rule 80 | CD Track 82 | air & are | Voiced Sound 有声音
[エァR]

■■ 発音のツボ

口を横に強く引き「エァー」と言いながら（エを強めに）、舌先を内側に丸めていきます。「エァー」から「 R 」へ移るとき**口はしを緊張させながら、舌全体に力を込める**とうまく音が出せます。

● Exercise ●

フォニックサイズ　発音練習

● 基礎の音をCDと一緒にエクササイズ

are・are・are／air・air・air

● CDの後についてリピーティング

are- are- are- ／ air- air- air-

Rの付いた母音

How to say it!
身の回りの単語で始めよう

① air air　f**air**
② air air　rep**air**
③ air air　ch**air**
④ are are　c**are**
⑤ are are　sh**are**
⑥ are are　sp**are**

[公平な、修理する、椅子、ケアする、分配する、余分な]

Read aloud!
声に出してみよう

p**air**　　（1組）
st**air**s　（階段）
h**air**　　（髪）

r**are**　　　　（まれな）
h**are**　　　　（野ウサギ）
nightm**are**　（悪夢）

Tongue Twister 早口ことば

I found the sp**are** key under the ch**air**.

（私はスペアキーを椅子の下で見つけた）

R-Controlled Vowels

Rule 81
CD Track 83

ear
[イァR]

Voiced Sound
有声音

■■ 発音のツボ

フォニックスの I 音 (ルール13) を思い出しましょう。口はしを横に引き「イ」でしたね。ear はそれに弱い「ァ」を添えた音で、「イァー」と言いながら、徐々に舌先を内側へ丸めていきます。そうすると、鋭い「イ」からくぐもった「ァR」へと音がシフトしていきます。

● Exercise ●

フォニックサイズ 発音練習

● 基礎の音をCDと一緒にエクササイズ

ear・ear・ear

● CDの後についてリピーティング

ear- ear- ear-

How to say it!
身の回りの単語で始めよう

① ear ear year   ② ear ear near

Rの付いた母音

③ ear ear　clear　　⑤ ear ear　beard
④ ear ear　dear　　⑥ ear ear　hear

[年、近い、はっきりした、親愛なる、あごひげ、聞こえる]

Read aloud! 声に出してみよう

fear　　（恐れ）

gear　　（ギヤ）

appear　（出現する）

rear　　（後部）　＊backの形式語

> **ぷち メモ**
> earの中には、are & air「エァ」と発音が同じ単語があります。
> （例）pear（梨）wear（着る）など

Tongue Twister　早口ことば

Sam wears <u>ear</u>muffs and plays under the cl<u>ear</u> sky.

（サムは耳あてをして、晴れた空の下で遊んでいる）

---

eer や ere なども同じ「イァR」です。

eer　beer（ビール）、cheerful（陽気な）、deer（鹿）など
ere　here（ここ）、mere（単なる）、atmosphere（雰囲気）など

Chapter 8

Silent-E
サイレントE

a_e e_e i_e
o_e u_e

Silent-E

単語のおわりが 母音＋[子音]＋e のとき、母音をアルファベット読みし、eは発音しないグループ

　サイレントE をご存知でない方もたくさんいらっしゃると思います。フォニックスは、ネイティブスピーカーが子供のときに学ぶつづりのルールとお話しましたが、実はかくいう私も、このルールを初めて知ったのは学校を卒業してからのこと。英語のつづりにはこんなルールがあったのか！と知ったとき、文字通りまさに目からウロコの心境でした。ぜひ読者のみなさんもこのルールを学び、日々の英語学習に役立ててください。さて、前置きが長くなりましたが本題へと入ります。では、次の単語を音読してください。

cake

　これは、みなさんよくご存知の単語「ケーキ」ですが、そもそもなぜ「カケ」ではないのだろう—と素朴な疑問を持ったことのある読者の方もいらっしゃるのではないかと思います。私たちがこれを「ケーキ」と読めるのは、おそらくは暗記に頼る部分が大きいからと想像しますが、実はこの単語には「**サイレントEのルール**」が適用されています。つまりこのルールがあるからこそ、**cake** は「カケ」ではなく「ケーキ」と読めるのです。

　Silent E（サイレントE）は、文字通り「静かな **E**」。つまり音のない **E** のこと。このルールは **母音＋子音＋e** の時、e は発音せず、子音の前の母音を**アルファベット読み**するというもの。このルールを知ることで、単語を読む力がぐんとアップしますので、大人の学習者をはじめ学生の方にも特におすすめのルールです。なお英語は不規則なルールを包括している言語なので一概にこのルールがすべて当てはまるとは言えませんが、知っておいてまさに損は無いルールです。

サイレントE

Silent E のルールの図

ケ[エイ]ク

c**a**k**e**

↙ アルファベット読みする ↘ サイレント音（読まれない）

Silent E のルール　Eのふたつ前にある母音をアルファベット読みしEは発音しない

	ルール	単語	読みかた	意味
1	a_e	lake	レエイク	湖
2	i_e	fine	ファイン	すてきな
3	o_e	rose	ロォウズ	バラ
4	u_e	tube	チューブ	管
5	e_e	Eve	イーヴ	イヴ（女性の名前）

213

Silent-E

Rule 82
CD Track 84

a_e
[エィ]

Aはアルファベット読みの「エィ」、おしまいのEは読まないグループ

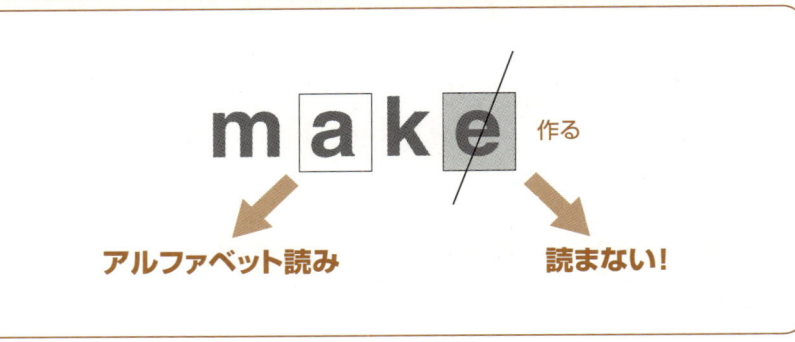

m **a** k ~~e~~   作る

アルファベット読み　　読まない！

can you read it?
フォニックサイズ読み練習

ap**e**	(サル)	mal**e**	(男性)
blad**e**	(刃)	rac**e**	(競争)
cav**e**	(ほら穴)	sav**e**	(救う)
fam**e**	(名声)	tak**e**	(取る)
Jan**e**	(ジェーン)	wav**e**	(波)

silent e quiz
サイレントEクイズ

Q：空欄に当てはまるサイレントEの単語を選び、文章を完成させましょう。

※動詞の中には、時制が変わるものもあります。

1. My father ＿＿＿（くれた）me a watch for my birthday present.
2. The indies band moved to New York to find ＿＿＿（名声）and fortune.
3. He had no choice but to lie so as to ＿＿＿（救う）his skin.
4. Bob ＿＿＿（急いだ）back home to celebrate his son's first birthday.
5. My son, Jack, is in the fifth ＿＿＿（学年）.
6. ＿＿＿（時間をかける）your time. I will help you find your wallet, OK?
7. ＿＿＿（雄の）cows are called bulls.

---

take, save, race(d), male, grade, gave, fame

（正解は次のページの下）

1. 父が誕生日に時計をくれました。
2. そのインディーズ系バンドは富と名声を求めてニューヨークへ移った。 ※ fame and fortune は、富と名声
3. 彼は面目を保つために嘘をつくしかなかった。 ※ save one's skin は、面目を保つ
4. ボブは息子の1歳の誕生日をお祝いするために、急いで帰宅した。
5. 息子のジャックは小学5年生です。
6. ゆっくりやりましょう。わたしもお財布を捜すの手伝いますから。
7. 雄の牛はbullsと呼ばれている。

Silent-E

Rule 83
CD Track 85

i_e
[アイ]

Iはアルファベット読みの「アイ」、おしまいのEは読まないグループ

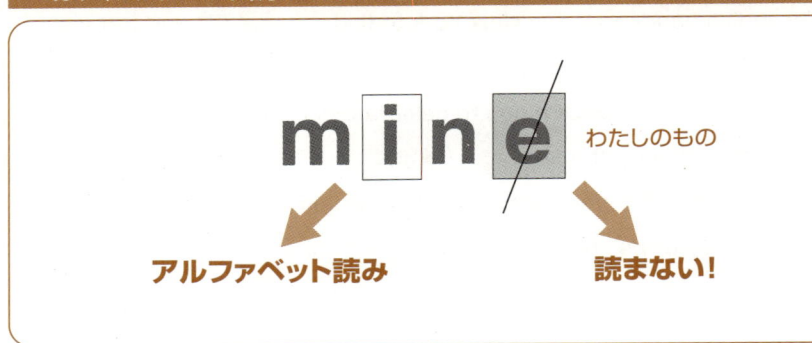

m**i**n~~e~~　わたしのもの

アルファベット読み　読まない!

can you read it?
フォニックサイズ読み練習

five	(5)	**slide**	(滑る)
hide	(隠す)	**smile**	(微笑む)
kite	(たこ)	**time**	(時間)
pride	(プライド)	**wide**	(幅の広い)
prize	(賞品)	**wine**	(ワイン)

1. gave 2. fame 3. save 4. raced 5. grade 6. take 7. male

silent e quiz
サイレントEクイズ

Q: 空欄に当てはまるサイレントEの単語を選び、文章を完成させましょう。

※動詞の中には、時制が変わるものもあります。

1. We _____（外食した）out in Ginza on our anniversary.
2. The bank teller gave the customer a warm _____（笑顔）.
3. I haven't seen _____（隠れ場所）nor hair of her for ages
4. The garden is my mother's _____（自慢）and joy.
5. The door is four feet _____（幅が）.
6. I used to _____（滑る）down this slope on a sled in my childhood.
7. No _____（ほうび ※ただし複数形）for guessing who leaked the secret!

---

wide, smile, slide, prize(s), pride, hide, dine(d)

（正解は次のページの下）

1. 私達は結婚記念日に銀座で食事をした。
2. その銀行員はやさしい笑顔をお客に向けた。　※ bank teller は、窓口の出納係
3. わたしは長いこと彼女と会っていません。　※ not see hide nor hair of は、ここ最近〜と会っていない
4. 庭は母の自慢の種です。　※ pride and joy は、大切な人やもの
5. そのドアの幅は4フィートです。
6. 幼少時代、わたしはこの坂をそりで滑り降りたものです。
7. だれがその秘密をばらしたかは言うまでもない！
    ※ (there are) no prizes for guessing something は、〜を当てるのはいたって簡単だ。

Silent-E

Rule 84
CD Track 86

o_e
[オゥ]

Oはアルファベット読みの「オゥ」、おしまいのEは読まないグループ

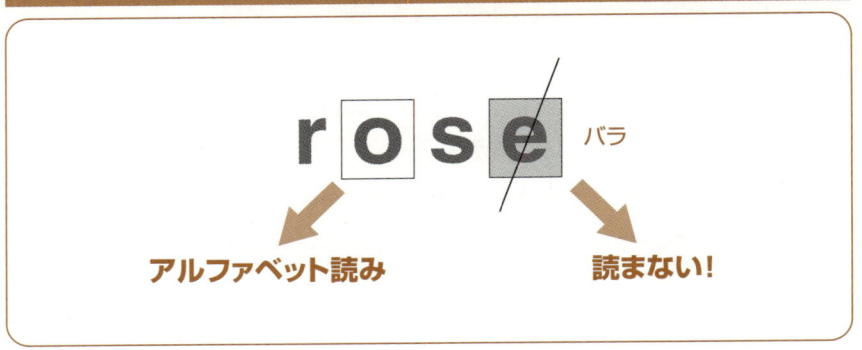

r o s e　バラ

アルファベット読み　　　　読まない!

can you read it?
フォニックサイズ読み練習

bone　（骨）　　　　**rop**e　（ロープ）

home　（家）　　　　**smok**e　（煙り）

joke　（ジョーク）　　**ston**e　（石）

pose　（姿勢をとる）　**ton**e　（音色）

role　（役割）　　　　**vot**e　（投票する）

1. dined　2. smile　3. hide　4. pride　5. wide　6. slide　7. prizes

silent e quiz
サイレントEクイズ

Q: 空欄に当てはまるサイレントEの単語を選び、文章を完成させましょう。

※動詞の中には、時制が変わるものもあります。

1. Guess who is going to play the leading _____（配役）in the movie?
2. Jack shouted, "Home sweet _____（家）!", after returning from a long business trip.
3. Brian's plans went up in _____（煙り）, but he never gave up.
4. I can sense how you feel through the _____（調子）of your voice.
5. Everyone says that Greg is a man with a heart of _____（石）.
6. His _____（冗談）threw a wet blanket at the party.
7. We _____（願った）to get together again sometime!

---

home, hope(d), joke, role, smoke, stone, tone

（正解は次のページの下）

1. その映画で主役を演じるのは誰だと思う?
2. ジャックは出張から帰宅するなり「やっぱり家が一番だな!」と叫んだ。
3. ブライアンの計画は立ち消えになったが、それでも彼はあきらめなかった。　※ go up in smokeは、駄目になる
4. 声の調子で君の気持ちがわかるよ。
5. グレッグは非情な人だとみんな言う。　※ a heart of stone は、石のように冷たい心
6. 彼の冗談はパーティーの場をしらけさせた。　※ throw a wet blanketは、しらけさせる、水をさす
7. 私達はまたいつか会えることを願った!

Silent-E

Rule 85
CD Track 87

u_e
[ユゥー] または [ウー]

Uはアルファベット読みの「ユー」または「ウー」、おしまいのEは読まないグループ

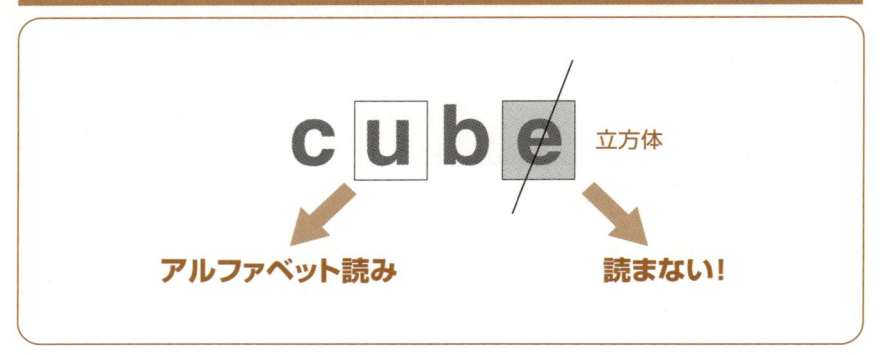

c **u** b ~~e~~　立方体

アルファベット読み　　　読まない！

can you read it?
フォニックサイズ読み練習

cute	（かわいい）	**muse**	（女神）
duke	（公爵）	**nude**	（裸の）
fuse	（電気のヒューズ）	**perfume**	（香水）
huge	（巨大な）	**tune**	（曲、メロディー）

1. role 2. home 3. smoke 4. tone 5. stone 6. joke 7. hoped

サイレントE

silent e quiz
サイレントEクイズ

Q：空欄に当てはまるサイレントEの単語を選び、文章を完成させましょう。

1. I make it a rule to ＿＿＿＿（ラジオなどのダイヤルを合わせる）into the FEN program every morning.
2. I am a ＿＿＿＿（かなりの）fan of Hong Kong movies.
3. You should soak in a ＿＿＿＿（よい香りのする）bath when exhausted.
4. Witnessing my boyfriend with another girl was a ＿＿＿＿（いやな事実）awakening.
5. Marilyn Monroe is known as an actress who slept in the ＿＿＿＿（裸）in bed.
6. Recently I often ＿＿＿＿（物思いにふける）over my childhood.
7. I think Meg Ryan is ＿＿＿＿（かわいい）rather than beautiful.

---

cute, huge, muse, nude, perfumed, rude, tune,

（正解は次のページの下）

1. わたしは毎朝FENのラジオ番組を聞くことにしている。　　※ make it a rule to+動詞は、〜することを習慣としている
2. わたしは香港映画の大ファンです。
3. ものすごく疲れたときはいい香りのするお風呂に入るといいよ。
4. ボーイフレンドが他の女性と一緒にいるのを目撃し、突然のショックを受けた。
　　※ a rude awakening は、突然のショック、いやな事実に気づくこと
5. マリリンモンローは裸のままベッドで眠った女優として知られている。
6. 最近、子供のころの思い出によくふける。
7. メグライアンは美人というよりかわいいと思う。

Silent-E

Rule 86
CD Track 88

e_e [イー]

Eはアルファベット読みの「イー」、おしまいのEは読まないグループ

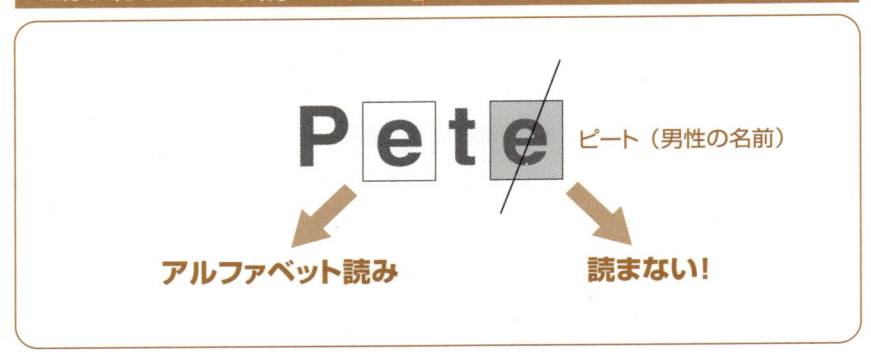

Pet<s>e</s> ピート（男性の名前）

アルファベット読み　読まない！

他のグループと比べて、e_eはさほど多くありませんが、いくつか例をあげておきます。

can you read it?
フォニックサイズ読み練習

eve （祝祭日の前夜）　　**scene** （場面）
mete （割り与える）　　**theme** （テーマ）

1. tune 2. huge 3. perfumed 4. rude 5. nude 6. muse 7. cute

silent e quiz
サイレントEクイズ

Q：空欄に当てはまるサイレントEの単語を選び、文章を完成させましょう。

1. Parents should ____ out（罰する）punishment to their children for their wrong behavior.
2. Our family went to a famous ____（テーマ）park in Osaka.
3. Do you have any plans on New Year's ____（前夜）?
4. To be honest, trendy spots aren't really my ____（場所）.

---

theme,　scene,　mete,　Eve

（正解は次のページの下）

1. 親は子供の悪い行いに対し、罰を与えなくてはならない。
2. 家族で大阪にある有名なテーマパークへ行った。
3. 大晦日にご予定はありますか？　※ New Year's Eve は、大晦日
4. 正直言うと、流行りの場所はあまり好きじゃない。　※ not one's scene は、〜はあまり好きではない

Silent-E

CD Track 89

silent e review quiz
サイレントE復習クイズ

これはすごい。魔法がかかると、単語も変わる！

Q：次の単語は、すべてフォニックス読みですが、
おわりにeを加えるとアルファベット読みに変わります。
次の□にeを入れるとある単語が出来ます。さて英語でいくつ言えますか？

1. **pet** ⇒ **Pet**□ （動物が ⇒ ？？）
2. **tub** ⇒ **tub**□ （おふろの浴槽が ⇒ ？？）
3. **man** ⇒ **man**□ （人間が ⇒ ？？）
4. **kit** ⇒ **kit**□ （用具が ⇒ ？？）
5. **pin** ⇒ **pin**□ （ピンが ⇒ ？？）
6. **cap** ⇒ **cap**□ （野球帽が ⇒ ？？）
7. **hop** ⇒ **hop**□ （ピョンピョン跳ねるが ⇒ ？？）
8. **not** ⇒ **not**□ （否定が ⇒ ？？）
9. **tap** ⇒ **tap**□ （トントン叩くが ⇒ ？？）
10. **hat** ⇒ **hat**□ （帽子が ⇒ ？？）
11. **mat** ⇒ **mat**□ （マットが ⇒ ？？）

1. mete 2. theme 3. Eve 4. scene

サイレントE

Answer keys

1. **Pete** （ピート）
2. **tube** （絵の具のチューブ）
3. **mane** （たてがみ）
4. **kite** （たこ）
5. **pine** （松の木）
6. **cape** （女性のケープ）
7. **hope** （願う）
8. **note** （音符）
9. **tape** （テープ）
10. **hate** （大嫌いだ）
11. **mate** （仲間）

付録

付録

太字の単語はこの本にすでに出てきたものです。
音読をしながら、フォニックスの音とつづりを復習しましょう。

B b (→P14)

Ted went fishing and got some **crabs**.
Alison likes to read books in the **tub**.
He is energetic and always full of **beans**.
Let's go. The **bus** is coming!
Would you like some **herb** tea?
Ned is sick in **bed**.

P p (→P17)

Ed reached the **top** of Mt. Everest!
I got a **pack** of chips at the store.
Let's go on a **trip** to Paris this summer!
Where's my hair **pin**?
Go **up** to the 3rd floor by elevator.
We all hope for world **peace**.

C c K k (→P20)

Kelly is cooking in the **kitchen**.
We had a slight **earthquake** last night.
I hate insects, especially **caterpillars**!
I've been learning **Greek** for 2 years.
Quick! We will miss the train!
Be **careful** with money, OK?

G g (→P23)

Greg has to take the exam tomorrow.
Flags are flying in the sky.
It's **good** to see you again!
Kids are excited to watch **gorillas** in the zoo!
Did they get back **together**?
Your brand-new **bag** looks cute!

T t (→P26)

She reads fairy **tales** at night.
Something is wrong with my **stomach** …
Have a **great** weekend, Joe!
My father builds houses; he is a **carpenter**.
These **tomatoes** aren't ripe enough to eat.
It's time for Nick to leave the **nest**.

D d (→P29)

We are **ready** for the party.
Stand up, all boys!
I'd like to change **dollars** into yen, please.
My boss's **calendar** is full.
Ducks are marching alongside the pond.
I **need** a job immediately.

M m (→P32)

We saw Halley's **comet** last night.
A tea with **lemon**, please.
Make up your mind now!
The CD sells a lot by word of **mouth**.
My **dream** is to become a major leaguer.
Mom made **ham** sandwiches for lunch.

N n (→P35)

The last **train** is coming!
Turn on the radio, will you?
In Japan, we hardly have **tornadoes**.
This story is about a **giant** monster.
Nice to meet you, Mr. Brown.
George had his **nose** broken in the fight.

F f (→P38)

She put a **scarf** around her neck.
This **roof** always leaks when it rains.
Thank you for the birthday **gift**.
There're **fireflies** on the branches!
I'm **left-handed**.
Bob is a real **football** fan.

V v (→P42)

Count to **five**.
Ivy has crept over the wall of the old house.
We have many **active** volcanoes in Japan.
It's **very** humid in June in Tokyo.
My favorite color is **violet**.
I'm so happy. I'm in **seventh** heaven!

S s (→P45)

Kate's boyfriend is so **handsome**!
The kids are **frisky** all the time.
Roast beef is a traditional British dish.
We went to Spain last **summer**.
It's so messy here - Put away your **socks**!
Emily played in the **sandbox**.

Z z (→P48)

Ian writes a story for the **magazine**.
Enjoy the nice summer **breeze**!
This is a no-parking **zone**.
The road **zigzagged** up the hillside.
I won first **prize** in the marathon.
Don't forget to write the **zip** code.

付録

L l (→P51)

I wish I could **fly** a jet!
Jason is sleeping like a **log** .
Italian food is one of my favorites.
The street **lamps** are on.
I love tomato and **lettuce** salad.
Koalas mainly live in Australia.

R r (→P55)

My **hero** as a boy was the great Shigeo Nagashima.
She **regretted** not having studied harder.
We eat **rice** every morning.
Wild **raccoons** are living in the woods.
The Porsche **rocketed** through the tunnel.
"Watch your step!", Alison **cried**

X x (→P58)

Eddy memorizes a **maxim** every day.
You always **mix** me up with my sister.
Open your **textbook** to page 10.
We've never met the **next-door** neighbor.
Please **fax** this paper to ABC & Co.
Mr. Brown gave Jack an **axe** !

おさらいコーナー

H h (→P61)

I got a **haircut** yesterday.
We went to Athens on our **honeymoon**.
We put the ad on the **header**.
Perhaps she'll be here soon.
The plan is **behind** schedule.
Are there any banks around **here**?

J j (→P64)

Cathy made some apple **jam** .
His parents **rejoiced** his success.
I'd like to **join** the drama club.
We all jumped for **joy**.
Take care and **enjoy** yourself!
My **major** at university is chemistry.

W w (→P68)

Switch on the TV, please.
Mick is totally **bewitched** by Betty.
The butterfly has beautiful colors on its **wings**.
Eric traveled around the **world**.
The weeds are running **wild** in here.
Let's take the **subway** to Shibuya!

■付録

Qu qu (→P171)

The food at the restaurant is **quite** good.
I like watching **quiz** programs on TV.
They **request** us to wear formal clothes.
This **equipment** is hard to deal with.
The **quality** of this is poor.
His work has improved in **quantity** this term.

Y y (→P75)

Jack **yearns** to marry her.
She is in her second **year** of high school.
I went to New **York** on business.
The kids are playing in the **yard** .
My favorite color is **yellow**.
Eating **yogurt** is good for your health.

A a (→P91)

I'm sorry my **hands** are full now.
Our math teacher is **absent** today.
Will you send me the latest **catalog**?
Your jeans look a bit **baggy**.
It looks like rain. Let's take a **cab**.
There are **bats** living in the cave.

E e (→P94)

My lucky number is **ten**.
Can I **test**-drive before I buy it?
Turn in your **essay** by Monday.
I surely **recommend** you this book.
The **elevator** is out of service at the moment.
Your **letter** cheered me up no end.

I i (→P97)

Ben is the very **image** of his father.
I can see someone in the **mist**.
My 5-year son collects **insects**.
Her job is to **input** data.
We go on a **trip** abroad every summer.
My fiancé gave me an engagement **ring**.

O o (→P100)

Waves are splashing on the **rocks** .
We're growing an **olive** tree.
Ken gave me a friendly **nod**.
An **ox** is one of the strongest animals.
Pull on the **rod**, and catch a big fish!
Cathy showed off her **ostrich** handbag.

U u (→P103)

The **trucks** were loaded with coal.
On waking up, I first **brush** my teeth.
Where did you get all the **mud** on your shirt, Mick?
The player beats the **drum**.
Mr. Jackson **umpires** tonight's game.
"Where's Roxie?" "**Upstairs**".

発音記号対比表

つづり字と発音記号の相関チャート

1字つづりの子音		1字つづりの母音		母音ペア①		Rのついた母音	
b	b	a	æ	ai	ei	ar	ɑːr
p	p	e	e	ay	ei	or	ɔːr
hard c	k	i	í	ie 1	ɑi	ore	ɔːr
soft c	s	o	ɑ	ie 2	iː	er	əːr
k	k	u	ʌ	ue	juː or uː	ir	əːr
hard g	g			ui	juː or uː	ur	əːr
soft g	dʒ	2文字子音(Diagraph)		ea	iː	air	ɛər
t	t	ch	tʃ	ee	iː	are	ɛər
d	d	sh	ʃ	oa	ou	ear	iər
m	m	息のth	θ	ow	ou		
n	n	音のth	ð			サイレントE	
f	f	gh	f	母音ペア②		a-e	ei
v	v	ph	f	oi	ɔi	e-e	iː
s	s	wh	hw	oy	ɔi	i-e	ɑi
z	z	ck	k	ou	ɑu	o-e	ou
l	l	ng	ŋ	ow	ɑu	u-e	juː or uː
r	r			ew	juː or uː		
x	ks	2-3文字子音(Blend)		ei	ei		
h	h	sc	sk	短いoo	u		
j	dʒ	squ	skw	長いoo	uː		
w	w	cr	kr	au	ɔː		
qu	kw	thr	θr	aw	ɔː		
y	j	scr	skr				

※ 左：つづり／右：発音記号
※ つづりによっては2通り以上の読み方をするものもあります。
※ 子音ブレンド音はつづり字と発音記号の表記がほぼ一緒のため、異なるものだけをチャートに加えておきました。

付録

フォニックスカード

点線から切り離して使いましょう。

フォニックスカード

b	d	r
p	m	x
hard c	n	h
soft c	f	j
k	v	w
hard g	s	qu
soft g	z	y
t	l	a

■付録

run	dog	bed
mix	monkey	post
hat	net	cat
jet	fan	city
west	very	king
queen	say	get
yes	zoo	giant
apple	lion	toy

フォニックスカード

e	gh	sc
i	ph	squ
o	wh	sw
u	ck	sm
ch	ng	sn
sh	st	cl
息の th	sk	fl
声の th	sp	pl

school	enough	egg
square	photo	ink
swim	when	top
small	check	cup
snow	sing	church
class	store	dish
flag	sky	think
play	speak	this

フォニックスカード

sl	dr	ay
bl	gr	ie$_1$
gl	spl	ie$_2$
tr	spr	ue
cr	thr	ui
fr	str	ea
pr	scr	ee
br	ai	oa

付録

day	drive	sleep
pie	green	black
chief	splinter	glad
blue	spring	tree
suit	throw	crab
read	street	free
meet	screen	press
boat	rain	brown

フォニックスカード

ow	長い oo	air
oi	au aw	are
oy	ar	ear
ou	or	a-e
ow	ore	i-e
ew	er	o-e
ei	ir	u-e
短い oo	ur	e-e

付録

fair	moon	grow
spare	August / straw	coin
year	arm	enjoy
make	short	round
five	more	how
home	hers	news
cute	third	eight
Eve	return	look

フォニックスカード

●著者略歴●
ジュミック今井
いまい

都内で英会話スクールを運営するかたわら、英会話本を多数出版、翻訳業にあたる。2000年1月に無料のメルマガ「英語がぺらぺらになりたい！」を創刊、"イメトレ暗記"が好評を博し、現在の読者数は約3万人にのぼる。
著書（近刊順）
「CD付きはじめてのTOEICテスト350点完全突破」（ナツメ社）
「英語で気持ちを伝える75フレーズ CD付」（三修社）＊ピンポン英会話の改訂版
「ゼロから始める英語日記」（三修社）
「ピンポン英会話」（三修社）
「ジュミックの英語がぺらぺらになりたい！」（明日香出版社）

ジュミック今井のサイト：
http://www.jumique.com/

● Special Thanks

加藤 みずき
兼本 美津
新村 愛子
簾 礼子
田村 香子
手塚 美幸
栃 一美
鳥越 忍
波多野 渉
松下 葉子
宮川 和子
（敬称略）

──── ご意見をお寄せください ────
ご愛読いただきありがとうございました。本書の読後感・ご意見等を愛読者カードにてお寄せください。また、読んでみたいテーマがございましたら積極的にお知らせください。今後の出版に反映させていただきます。
編集部 ☎ (03) 5395-7651

CD BOOK　フォニックス〈発音〉トレーニングBook
はつおん　　　　　ぶっく

2005年2月28日　初版発行
2011年2月7日　第40刷発行

著　者　ジュミック今井
いまい
発行者　石野栄一

〒112-0005　東京都文京区水道2-11-5
電話(03)5395-7650(代　表)
　　(03)5395-7654(ＦＡＸ)
郵便振替00150-6-183481
http://www.asuka-g.co.jp

明日香出版社

■スタッフ■　編集　早川朋子／藤田知子／小野田幸子／金本智恵／末吉喜美／久松圭祐
営業　小林勝／浜田充弘／渡辺久夫／奥本達哉／平戸基之／野口優／横尾一樹／後藤和歌子
M部　古川創一　経営企画室　落合絵美　経理　藤本さやか

印　刷　株式会社東京研文社
製　本　根本製本株式会社
ISBN4-7569-0844-6 C2082

乱丁本・落丁本はお取り替えいたします。
©Jumique Imai 2005 Printed in Japan
編集担当　金本智恵

好評発売中！

フォニックスの基本をおさえたら次は実践！

CD BOOK
実践フォニックス＜会話＞トレーニングBOOK
ジュミック 今井（著）

フォニックスの基本をマスターしたら次に思うのは会話の中でも生かしたい、ということではないでしょうか？
続編となる実践フォニックスでは、第１弾に盛り込めなかったルール13個とこれまで出てきたルールをいかして行う会話練習が含まれています。好評だったメトロノームでの練習も入っています。
さぁ、実践もフォニックスで、Let's フォニクサイズ！

英語のみの収録です。
一部、メトロノームのリズムも入っています。

定価1680円
ISBN4-7569-0947-7

CONTENTS

永久保存版　早見チャート〜フォニックス音とつづりのルール
Chapter 1　日本人が苦手とするフォニックス音をピンポイント攻略
Chapter 2　新出のフォニックス・ルールを学ぼう
Chapter 3　フォニックス・パズルで学ぶ、ヘンなカタカナ英語にさようなら！
Chapter 4　さぁ、フォニックスを使って英会話に挑戦！

「フォニックス」でおなじみ！ ジュミック今井先生の本

CD BOOK ドリル式フォニックス＜発音＞練習BOOK

ジュミック今井
『フォニックス』シリーズ、ドリル編。中学レベルの英単語で、フォニックスの発音を徹底的にトレーニング！ CDの単語のシャワーをいっぱいに浴びて、ネイティブの発音を身につけましょう！ 中学レベルの英単語のおさらいも。1作目を持っている人にも、この本から始める人にも、すぐ使えるトレーニングドリル。

定価（税込）1680円　A5並製　272ページ
ISBN978-4-7569-1328-9　2009/09 発行

CD BOOK 耳をきたえる！ 英語リスニング教室　実況中継

ジュミック今井
よく知っている単語でも聞き取れない？ それは英語特有の、音の変化に原因があります。聞き取りのポイントをおさえることで、目からうろこが落ちたように耳の変化を実感することができます！ ジュミック先生、スパルタ先生、イケメン先生と一緒に、楽しくリスニング・レッスン！

定価（税込）2100円　A5並製　240ページ
ISBN978-4-7569-1379-1　2010/04 発行

大人気！「英会話フレーズブック」シリーズ

CD BOOK 英会話フレーズブック

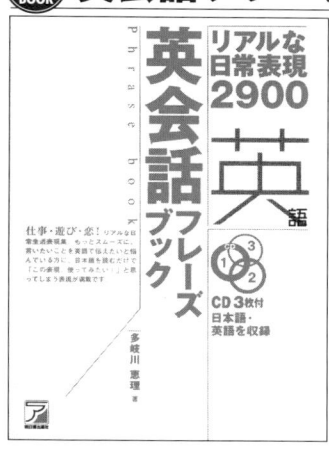

多岐川恵理

英語中級者・上級者ほど、何気なく日本語で思ったことを「ああ、これって英語でなんて言うんだろう？」と悩むことが多くなるもの。そんな「言えそうで言えない」フレーズを盛り込みました。日本語を読むだけで「この表現、使ってみたい！」と思ってしまう表現が満載です。
CD 3枚つき（日本語・英語収録）。

定価（税込）2625円　B6変型　384ページ
ISBN978-4-7569-1110-0　2007/08 発行

CD BOOK 英会話ダイアローグブック

多岐川恵理

リアルな日常会話集！「恋愛」「電話」「酒の席」「パソコン」など、日常会話のさまざまな場面を設定し、そのテーマで必ずおさえておきたい表現を盛り込んだダイアローグを豊富にそろえました。
超・リアルな会話を通して、ナマの英語表現が今すぐ身につきます。
CD 2枚つき（英語・日本語収録）。

定価（税込）2520円　B6変型　384ページ
ISBN978-4-7569-1336-4　2009/10 発行

「語源とイラストで一気に覚える英単語」シリーズ

語源とイラストで一気に覚える英単語

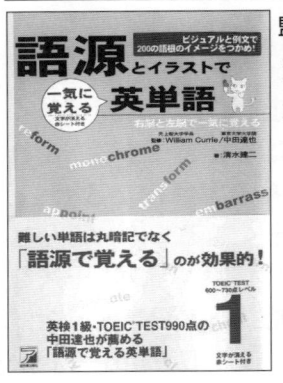

監修：ウィリアム・カリー／中田達也　著者：清水 建二

効率的で効果的な英単語学習法といえば、「語源」で覚えるやり方。本書では特に語源のイメージをつかみやすい単語を中心にセレクト。語源の意味を連想させるイラストによって、丸暗記ではなくビジュアルでイメージをつかめます。TOEIC600〜730点レベル。

定価（税込）1680円　A5並製　256ページ
ISBN4-7569-0683-4　2003/10 発行

HYPER 語源とイラストで一気に覚える英単語

監修：ウィリアム・カリー／中田達也　著者：清水 建二

シリーズ中級編（TOEIC730〜860点レベル）。前書で取り上げた語根・単語もきちんと補足してあるので、初めて手にとってくださった方にも、前書をお持ちの方にもオススメ！ 1単語につき1例文つき。2色刷り、赤シートつき。

定価（税込）1785円　A5並製　256ページ
ISBN4-7569-0735-0　2004/03 発行

パーフェクトBOOK　語源とイラストで一気に覚える英単語

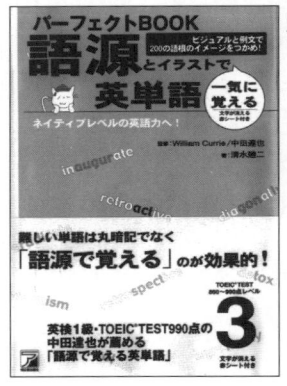

監修：ウィリアム・カリー／中田達也　著者：清水 建二

シリーズ上級編（TOEIC860〜990点レベル）。難しい単語は、丸暗記でなく「語源で覚える」のが効果的です。200の語根とイラストを用いて、無理なく語彙を増やしましょう。語源をマスターすれば、あなたの語彙はもうネイティブレベル！

定価（税込）1785円　A5並製　288ページ
ISBN978-4-7569-1202-2　2008/06 発行